JOSÉE VIALLA
Docteur en Droit

LA SAGESSE DU BOUDDHA

Avec une Préface par PAUL OLTRAMARE
Professeur à l'Université de Genève

PARIS
ÉDITIONS ERNEST LEROUX
28, RUE BONAPARTE, 28
1925

LA SAGESSE DU BOUDDHA

JOSÉE VIALLA
Docteur en Droit

LA SAGESSE DU BOUDDHA

Avec une Préface par PAUL OLTRAMARE
Professeur à l'Université de Genève

PARIS
ÉDITIONS ERNEST LEROUX
28, RUE BONAPARTE, 28
1925

PRÉFACE

D'année en année, depuis plus d'un siècle, la connaissance de l'Orient est rendue plus accessible. En devient-elle moins étrangère au public cultivé? Qu'on jette un coup d'œil sur les programmes et sur les manuels de l'enseignement secondaire : on verra combien mesquine est la place qu'ils font aux civilisations asiatiques. Les intérêts commerciaux et coloniaux empêchent, il est vrai, la géographie d'ignorer tout à fait le Japon, la Chine et l'Inde. Mais l'histoire ? la littérature ? la philosophie ? Il semble que, systématiquement, on tienne à laisser dans l'ombre quelques-unes des expériences les plus remarquables qu'ait faites l'esprit humain.

On dira que, dans nos pays, la « culture » est suffisamment « générale », si ceux à qui on l'a communiquée connaissent le milieu dans lequel ils vivent et savent pourquoi et comment ils sont devenus ce qu'ils sont. Notre civilisation est une fille de la Grèce, de Rome et du christianisme. Pour la comprendre bien et pour en assurer le développement continu, il n'est pas nécessaire de sortir de l'horizon dans lequel la pensée européenne s'est confinée jusqu'ici. Au delà, objets d'érudition ou bibelots d'étagère.

Il est possible que notre amour-propre trouve son compte au maintien de cette illusion. La réalité décillera bientôt tous les yeux. Les faits sont déjà là pour nous prouver que nous autres Européens, nous ne nous suffisons pas à nous-mêmes. Ce n'est pas seulement le Japon qui, depuis longtemps, fait entendre dans le concert humain sa voix, une voix singulièrement puissante. L'Inde et la Chine sont en pleine fermentation. Elles ne tarderont sans doute pas beaucoup à nous apprendre ce qu'il y a d'énergies matérielles et spirituelles dans ces immenses réservoirs d'hommes. Quand elles compteront parmi les agents effectifs de la civilisation, le vieux monde n'aura plus le droit d'ignorer ce que ces nations ont dans le cerveau et dans le cœur.

A connaître mieux les autres, nous gagnerons de nous connaître mieux nous-mêmes. Notre éducation exclusivement classique et chrétienne nous a fait croire que notre logique, notre vision, notre conception de la vie et du monde étaient universelles et seules normales. En étudiant les Orientaux, nous découvrirons qu'il est d'autres méthodes de raisonnement, d'autres manières de regarder les choses, d'autres axiomes s'imposant de génération en génération à une collectivité humaine. Et nous serons tout naturellement amenés à examiner de plus près la légitimité de nos théorèmes, de nos procédés, de nos traditions intellectuelles.

Madame Vialla a été choquée de l'ignorance dédaigneuse que, dans leur grande majorité, ses compatriotes même instruits affectent pour les philosophies et les littératures de l'Orient. Elle a voulu leur montrer quels trésors de spiritualité s'y trouvent à leur portée. Pour commencer leur initiation, elle a choisi un point lumineux entre tous, l'œuvre de celui qui a si fortement contribué à façonner l'âme asiatique. Dans un livre écrit avec autant de verve que de clarté, elle a exposé La Sagesse du Bouddha, *en se servant des matériaux mis à sa disposition par des ouvrages reconnus comme classiques, mais restés trop souvent inaperçus du grand public.*

A ce que l'auteur a tiré des écrits d'Eugène Burnouf, de Max Muller, d'Oldenberg, de bien d'autres, il a ajouté une note personnelle qui a beaucoup de valeur. Madame Vialla a mis dans son œuvre sa sensibilité et son cœur de femme. Elle professe pour le fondateur du bouddhisme une dévotion qui a pris parfois une forme touchante. Elle aime le vieux maître et, l'aimant, elle est à même de comprendre et de faire comprendre ce qu'il a voulu faire et ce qu'il a réalisé.

Souhaitons que La Sagesse du Bouddha *réussisse, non certes à conquérir des âmes au bouddhisme, mais à répandre dans un cercle étendu un peu de respect et d'admiration pour une des créations les plus nobles de l'humanité souffrante et chercheuse.*

PAUL OLTRAMARE.

BIBLIOGRAPHIE

J. Barthélemy Saint-Hilaire. *Le Bouddha et sa religion.* 1 vol. in-8° de 436 pages. Paris, Didier et Cie, 35, quai des Grands-Augustins, 1860.

Monseigneur Paul Bigandet. *Vie ou Légende de Gaudama, le Bouddha des Birmans* ; traduction française par V. Gauvain. 1 vol. in-8° de 540 pages. E. Leroux, 28, rue Bonaparte, 1878.

Burnouf. *Essai sur le Véda.* In-8° coq., 475 pages. Paris, Dezobry-Tamdou et Cie, libraires-éditeurs, 78, rue des Écoles, 1863.

Burnouf. *Introduction à l'Histoire du Bouddhisme indien.* 1 vol. in-4° de 586 pages. Paris, Maisonneuve, 25, quai Voltaire, 1876.

Burnouf. *Le Lotus de la Bonne Loi.* 1 vol. in-4° de 897 pages. Paris, Imprimerie Nationale, 1852.

Burnouf. *La Science des Religions.* 1 vol. in-16° de 460 pages. Paris, Maisonneuve, 15, quai Voltaire, 1872.

Paul Carus. *L'Evangile du Bouddha,* traduit de l'anglais par L. de Milloué. 1 vol. in-16° de 336 pages. Paris, Ernest Leroux, 28, rue Bonaparte, 1878.

Challaye. *Le Bouddhisme.* Publication de la Mission française. Comité lyonnais.

Colebrooke. *Essai sur la Philosophie des Hindous,* traduit de l'anglais par G. Pauthier. 1 vol. in-16° de 322 pages. Paris, Firmin Didot, 24, rue Jacob, 1833.

Alexandra David. *Le Modernisme bouddhiste.* In-8° coq., 278 pages. Paris, Libraire Félix Alcan, 108, boulevard Saint-Germain, 1911.

SOPHIE EGOROFF. *Bouddha Çakya Muni personnage historique.* 1 vol. in-16° de 142 pages. Editeur, J. Burkhardt, Lucerne, 1906.

FEER LÉON. *Les Soutras.* In-8° de 78 pages. Paris, Ernest Leroux, éditeur, 28, rue Bonaparte, 1878.

A. FOUCHER. *Une liste indienne des Actes du Buddha.* Une brochure de 65 pages. Paris, Imprimerie Nationale, 1908.

E. FOUCAUX. *Lalita Vistara.* Développement des Jeux contenant l'histoire du Bouddha Çakya Mouni. 1 vol. in-4° de 406 pages. Editeur, E. Leroux, 28, rue Bonaparte, Paris, 1884.

HUC. *Souvenirs d'un voyage dans la Tartarie et le Thibet, pendant les années* 1845-46. 2 vol. in-8° de 524 pages. Editeur, Gaume frères, 4. rue Cassette, Paris, 1857.

E. LAMAIRESSE. *L'Inde après le Bouddha.* 1 vol. in-8° de 464 pages. Editeur, G. Carré, 58, rue Saint-André-des-Arts, Paris, 1892.

G. de LAFONT. *Les Grandes religions : le Bouddhisme, précédé d'un Essai sur le Védisme et le Brahmanisme.* 1 vol. in-16° de 272 pages. Editeur, Chamuel, 79, rue Faubourg Poissonnières, Paris, 1895.

E. LAMAIRESSE. *La Vie du Bouddha suivie du Bouddhisme dans l'Indo-Chine.* 1 vol. in-8° de 288 pages. Paris, G. Carré, 58, rue Saint-André-des-Arts, 1892.

E. LAMAIRESSE. *L'Inde avant le Bouddha.* 1 vol. in-8° de 464 pages. Paris, G. Carré, 58, rue Saint-André-des-Arts, 1892.

L. de MILLOUÉ. *Le Bouddhisme.* 1 vol. in-8° de 201 pages. Editeur, E. Leroux, 28, rue Bonaparte, Paris, 1907.

MINAYEFF. *Recherches sur le Bouddhisme,* traduit du russe par ASSIER et POMPIGNAN. 4 vol. in-8°. Editeur, E. Leroux, 28, rue Bonaparte, Paris, 1894.

MAX MULLER. *Sacred Books of the East.* Vol. X, Part I. Oxford, Charendon Press, 1881.

F. Nêve. *Le Bouddhisme : Son fondateur, ses Ecritures.* 1 vol. in-8° de 55 pages. Paris, 1852.

H. Olcott. *Le Bouddhisme selon le canon de l'Eglise du Sud.* 1 vol. in-16° de 142 pages. Paris, Publications théosophiques, 4, square Rapp, Paris, 1905.

Oldenberg. *Le Bouddha, sa vie, sa doctrine, sa communauté*, traduit de l'allemand par A. Foucher. 1 vol. in-8° de 401 pages. Editeur, Félix Alcan, 108, boulevard Saint-Germain, Paris, 1903.

Paul Oltramare. *Histoire des Idées théosophiques dans l'Inde. Le Brahmanisme.* 2 vol. in-4°. Editeur, Ernest Leroux, 28, rue Bonaparte, Paris, 1906.

Paul Oltramare. *Histoire des Idées théosophiques dans l'Inde. La théosophie bouddhique.* 1 vol. in-8° de 537 pages. Librairie orientaliste Paul Geuthner, Paris, 13, rue Jacob, 1923.

Rhys Davis. *Sacred Books of the Buddhists.* 2 vol. in-8°. Oxford, Henry Frowde, Angleterre, 1910.

Sénart. *Essai sur la Légende du Bouddha, son caractère, ses origines.* 1 vol. in-8° de 496 pages. Editeur, Ernest Leroux, 28, rue Bonaparte, Paris, 1882.

Salet. *Les Paroles du Bouddha.* In-8° coq., 112 pages. Paris et Cie, 106, boulevard Saint-Germain.

Sinett. *Le Bouddhisme Esotérique ou le positivisme hindou*, traduit de l'anglais par C. Lemaître. 1 vol. in-16° de 328 pages. Paris, Librairie de l'Art indépendant, 11, Chaussée d'Antin, 1890.

Sylvain Levi. *Mahayana Sutralamkara.* Exposé de la Doctrine du Grand Véhicule. 2 vol. in-8° de 332 pages. Honoré Champion, quai Malaquais, Paris, 1911.

L. de La Vallée-Poussin, Professeur à l'Université de Gand. *Le Bouddhisme. Opinions sur l'Histoire de la Dogmatique.* 1 vol. in-16° de 420 pages. Editeur, Gabriel Beauchesne, 1909.

LA VIE DU BOUDDHA

CHAPITRE Ier

La Vie du Bouddha

> **Au monde enveloppé des ténèbres de l'ignorance et du trouble, je donnerai le beau rayon de la meilleure science. Je le délivrerai de la décrépitude de la mort et de toute douleur.**

La plupart des auteurs qui ont écrit sur la philosophie bouddhiste ont fait précéder leur étude d'une biographie du Bouddha. Nous suivrons la même méthode, d'autant plus qu'au point de vue où nous nous plaçons, c'est-à-dire en recherchant surtout la sagesse et la moralité de sa doctrine, la vie elle-même du Bouddha est tout un enseignement. Nous nous arrêterons peu sur ses théories du monde qui demeurent souvent assez obscures. Nous ne discuterons pas non plus l'authenticité des textes, ce qui dépasserait les limites de notre compétence, et nous ne nous hasarderons pas à démêler, dans le labyrinthe de la littérature bouddhiste, ce qu'il faut admettre comme étant la parole du Maître. Nous ferons seulement une observation qui relève du simple bon sens, c'est que, tous ces événements remontant à plus de vingt-cinq siècles, il conviendra de les accepter avec tout le respect que l'âge leur confère, mais en même temps avec une sage réserve. Une large part doit être laissée à la légende, mais qui dira la part de vérité que cette légende cache?

Il ne serait pas moins déraisonnable de tout rejeter que d'accepter tout. Entre ces deux extrêmes, la sagesse consiste à admettre que si Ses disciples et Ses interprètes ont pu altérer des faits, modifier quelques détails, un certain fonds de vérité subsiste et que nous pouvons le connaître.

La date même de Sa naissance est controversée. Les Chinois et les bouddhistes du Nord la fixent au XIe siècle avant Jésus-Christ, les Cinghalais au VIIe. Les orientalistes sont également divisés; certains indiquent l'année 718; Burnouf, dont l'autorité n'est pas niable, admet le VIIe siècle avant notre ère comme date de naissance du grand Sage.

Mais qu'importe une incertitude de date, quand il s'agit d'une époque aussi reculée, du moment que l'existence historique du Bouddha ne fait de doute pour personne.

Sénart (1) a pu voir en Lui une figure imaginaire, un mythe solaire, mais Son passage dans l'Inde a laissé tant de traces, tant de documents attestent Son enseignement, tant de pierres millénaires ont reproduit le visage énigmatique du Bienheureux (2), tant de souvenirs demeurent attachés à Sa mémoire, que Sa réalité semble aussi démontrée que possible.

La découverte d'inscriptions mentionnant Son passage, ou faisant allusion à Sa personne, contribue encore à confirmer Sa présence.

C'est ainsi que Minayeff (*Recherches sur le bouddhisme*) s'étend assez longuement sur l'inscription de Bairat. Ce document, d'après le savant russe, remonterait à l'époque du troisième concile, c'est-à-dire au règne du roi Açoka, et mentionnerait que « tout ce qui a été dit par le sage Bouddha est bon ».

Le Stupa de Bharhut, qui, d'après le même auteur, a pu être édifié deux cents ans avant Jésus-Christ, est encore un témoignage de grand poids.

L'emplacement même de ce qui fut la ville natale du Bouddha aurait été retrouvé au nord de Bénarès, dans le district de Gorakhpur.

(1) Sénart : *Essai sur la légende du Bouddha.*

(2) Nom sous lequel on désigne le Bouddha ainsi que le Parfait, le Tathagata.

Une autre preuve de l'existence du Maître, qui vient s'ajouter aux autres, est cette inscription découverte sur un reliquaire de Piprava, dans le Népaul, mentionnant la famille des Çâkya (1).

Toutefois, il est indiscutable que tous les écrits reproduisant Sa doctrine datent d'une époque très postérieure à Sa mort, et leur forme primitive a pu être altérée dans le cours des siècles.

Siddartha Gautama naquit à Kapilavastu, ville située dans la région au nord de l'Inde, dans le Népaul, d'une famille dit-on royale, ou peut-être simplement princière, selon l'opinion d'Oldenberg.

Kapilavastu était une ville riche, extrêmement peuplée, traversée de voies étroites et tortueuses comme on peut en voir aujourd'hui dans les villes d'Orient. A certains jours de fête ou de marché, se pressait une multitude d'êtres vêtus d'étoffes voyantes, et les éléphants, les chars, les chevaux et les conducteurs se mêlaient en un désordre pittoresque et confus.

La ville orientale telle que l'imagination poétique nous en donne l'éclatante vision et où

(1) Voir l'*Histoire des Idées théosophiques de l'Inde* (P. Oltramare).

De noirs cavaliers aux blanches draperies
Escortent, au travers de la foule, à pas lents
Sous le cône du dais brodé de pierreries
Le palanquin doré des Radjahs indolents (1).

Plus loin, c'était la campagne, les champs de riz et, au delà encore, la verdure sombre de la forêt tropicale.

Il était issu de la puissante famille des Çâkya, de la caste des Kchattryas. Son père était Couddhôdana et Sa mère était désignée sous le nom de Mâyâ-Devi (Reine Illusion). Le Lalita Vistara (2) a célébré les merveilleuses vertus de la belle Mâyâ en ces termes : « C'est une beauté parfaite comme une jeune fille des dieux, elle a le corps bien proportionné, les membres sans aucun défaut. Il n'y a pas un dieu, pas un homme qui ne se rassasie de voir Mâyâ. Modeste et chaste, elle observe la loi, elle est sans orgueil, sans raideur, sans légéreté, sans détour et sans artifice. »

La légende veut que le Bôdhisattva soit entré, sous la forme d'un jeune éléphant blanc à six défenses, dans le sein de Mâyâ-Devi. « Cette même nuit, un immense lotus s'éleva jusqu'au monde de Brahma et tout ce qu'il y a dans la substance élémentaire des trois mille grands milliers de monde de force, d'essence ou de quintessence,

(1) Leconte de Lisle : *Poèmes barbares, Nurmahal.*

(2) Traduction de Foucaux.

tout cela fut rassemblé, dans le grand lotus, en une goutte de miel. Brahma plaça cette goutte dans un magnifique vase de lapis-lazuli et la présenta au Bôdhisattva, qui la but (1). »

Il est également écrit qu'au moment de sa naissance, *un grand tremblement de terre se produisit.* On entendit la musique des instruments des dieux et des hommes sans qu'ils fussent touchés ; les arbres se couvrirent de fleurs resplendissantes, tous les êtres furent plongés pour un moment dans la joie et demeurèrent exempts de haine et de passion.

Suivant la tradition, Mâyâ-Devi, sept jours après la naissance du Bôdhisattva, arriva à la fin de sa vie. La sage Mâhâ-Pradjâpati-Gaûtami fut chargée d'élever l'enfant. Trente-deux nourrices furent choisies pour servir le Bôddhisattva, huit pour le porter, huit pour l'allaiter, huit pour le laver, huit pour le faire jouer.

A cette même époque, vivait un sage Richi nommé Asita. Il eut connaissance des phénomènes extraordinaires qui avaient accompagné la naissance du Bôddhisattva, et il se mit en route pour honorer le jeune prince ; l'ayant examiné, et ayant reconnu en Lui les trente-deux signes du grand homme, il s'adressa en ces termes au roi Couddhôdana : « Si le prince demeure dans ton

(1) Lalita Vistara.

palais, il sera le plus grand roi de sa race, mais, s'il quitte ta demeure, il sera un « Tathâgata », un Bouddha parfait et accompli. »

Ayant ainsi parlé, il se mit à verser d'abondantes larmes, car il songeait qu'il était vieux et qu'il ne verrait jamais le « joyau du Bouddha ».

Le prince Siddartha passa toute sa jeunesse à Kapilavastu, où il mena la vie des jeunes hommes de sa condition au sein du faste et de l'opulence orientales, dans des palais magnifiques entourés de parcs profonds peuplés de fleurs étranges et d'arbres merveilleux, d'étangs couverts de lotus, où la misère et les douleurs de ce monde semblaient bannies.

Il eut bientôt des maîtres qu'il étonna par son intelligence et qui ne tardèrent pas à n'avoir plus rien à lui apprendre. Arrivé à l'âge d'homme, se conformant au désir du roi son père, qui voulait perpétuer sa race, il se maria et épousa la belle Gopa, la fille de Dandapâni. Selon l'usage, il y eut, pour célébrer cet événement, des fêtes superbes où le prince apparut entouré de ses quatre-vingt-quatre femmes.

Dans ses entretiens avec ses disciples, le Bouddha aimait à se rappeler ses années de jeunesse, ainsi que les pensées qui s'éveillaient alors en lui.

« Telle était, ô disciples, la richesse qui m'était échue, telle était la splendeur au sein de laquelle je vivais. Alors s'éveilla en moi cette pensée : un homme du vulgaire dans sa sottise, bien qu'il soit lui-même sujet à la vieillesse, n'échappe pas à la puissance de la vieillesse, ressent de l'aversion et de la répugnance quand il en voit un autre arrivé à la vieillesse. Et moi, je suis sujet à la vieillesse, et je n'échappe pas à la puissance de la vieillesse.

« Tandis que je pensais ainsi, en moi, ô disciples, toute joie inhérente à la jeunesse s'évanouit. (Il répétait ces mêmes propos au sujet de la maladie et de la mort).

« Et toute joie de vivre inhérente à la vie s'évanouit en moi (1). »

Ainsi nous voyons l'angoisse et la tristesse s'éveiller dans l'esprit du jeune prince au sein du bonheur et du faste de ce monde.

C'est apparemment de ces paroles, recueillies par les disciples, qu'est née la fameuse légende des quatre rencontres du prince Siddartha.

En vain, le roi Couddhôdana avait multiplié autour de son fils les attraits et les divertissements capables de charmer la jeunesse. Le prince demeurait mélancolique et dédaigneux des plaisirs.

Un jour qu'il était sorti de son palais par la porte orientale de la ville, sur un char somptueux et richement vêtu, lui, toujours entouré de créa-

(1) Cité par Oldenberg.

tures jeunes et belles, se trouva en présence de la décrépitude et de la laideur sous la forme d'un vieillard sinistre et hideux. Attristé à la vue d'un tel spectacle, il n'alla pas plus loin, retourna dans son palais et pensa : « Assurément, c'est un mal que la naissance, puisqu'elle doit nous infliger un jour un tel état. Qu'ai-je à faire avec le plaisir, moi prédestiné à la vieillesse ? »

Une autre fois, sortant de son palais par la porte du Midi, il aperçut un homme couvert de lèpre et d'autres plaies, implorant l'assistance. Il jeta sa bourse au lépreux et songea que la santé était une illusion.

Une troisième fois, sortant à l'ouest de la ville, il rencontra un mort dont le linceul vint à s'ouvrir ; la famille, éplorée, entourait ces misérables restes.

Affecté par ce spectacle, le prince rentra dans son palais et songea : « Il faut mettre un terme aux renaissances. »

Enfin, une quatrième fois, au nord de la ville, il vit un jour venir à lui un religieux à l'aspect vénérable qui mendiait. L'expression de ce moine le frappa à tel point qu'il résolut de devenir religieux. Le prince était alors âgé de vingt-cinq ans.

Il ne lui était pas facile de mettre à exécution un tel projet. La légende rapporte que Gautama se rendit auprès du roi et lui exposa son désir de quitter le palais. Le roi, plein de chagrin, lui répondit : « Demeure auprès de moi, ô mon fils, quels que soient tes désirs je chercherai à les accomplir. » Le prince répondit : « Seigneur, je désire quatre dons, si vous pouvez me les accorder je resterai toujours auprès de vous dans votre palais, je n'abandonnerai pas ma famille. Je désire, Seigneur, que la vieillesse ne s'empare jamais de moi et rester toujours en possession des belles couleurs de la jeunesse, être toujours plein de santé, que la maladie ne m'attaque pas, que ma vie soit illimitée et qu'il n'y ait pas de mort. »

Le roi, désolé, comprit que nulle puissance au monde ne serait capable de retenir le prince Siddartha.

Or, la mélancolie du prince augmentait tous les jours, il ne se souciait plus d'aucun plaisir de sa condition. Le dégoût de la vie qu'il menait l'envahissait de plus en plus, en même temps qu'il sentait s'élever en lui une compassion infinie pour tous les êtres.

Une nuit, il s'enfuit, abandonnant son palais, ses femmes et l'enfant qui venait de naître.

Il voyagea plusieurs heures, escorté par les dieux, monté sur son cheval Kanthaka, mais, quand le jour parut, il congédia son serviteur Tchandaka et lui remit son cheval et les parures précieuses dont il était couvert. Avec son épée, il coupa sa belle chevelure et la jeta au vent ; les dieux la recueillirent, et, en ce lieu même, un temple fut édifié des siècles plus tard.

Plus loin, il rencontra un moine qui lui fit don de ses habits.

Revêtu des vêtements de moine, il commença dès lors sa vie errante.

Il se rendit d'abord à Râdjagriha, où vivait le maître Roudraka, célèbre par sa sagesse et son savoir, et, sous sa direction, il étudia les différents systèmes philosophiques. Il se lassa vite de cette rhétorique, et, pendant six années, il vécut dans la retraite, à Orouvela, où il se livra à un travail persévérant de méditations et aux plus pénibles mortifications physiques, jusqu'à s'abstenir à peu près complètement de nourriture. A demi mourant, il eut cependant la force de se ressaisir. Il comprit qu'il ne trouverait pas la vérité dans la mortification et qu'il ne ferait ainsi qu'affaiblir son intelligence et sa volonté.

Alors, en présence des cinq disciples qui avaient suivi sa longue série d'épreuves, pensant que de cette manière le maître devait arriver à l'illumination, il se réconforta d'un plat de riz au lait qu'une jeune fille lui présenta dans un vase d'or ; il baigna ses membres affaiblis et retrouva peu à peu ses forces. Mais les cinq disciples, déçus, l'avaient abandonné.

Il recommença une nouvelle période de méditation solitaire. Enfin, une nuit, tandis qu'il songeait, assis au pied d'un pippala, les voiles se déchirèrent et la vérité sublime lui apparut.

Les Ecritures bouddhistes rapportent que cet événement s'accompagna de prodiges extraordinaires. Les aveugles virent, les sourds entendirent, et tous les humains, pendant quelques instants, demeurèrent dans la joie.

Désormais, le Sage était devenu le *Bouddha*, terme sanscrit dont le sens signifie « l'éveillé, l'éclairé ». Ce mot est encore employé pour désigner l'homme qui a obtenu le savoir, l'intelligence parfaite et, par conséquent, la délivrance finale. Ses vertus pouvaient également servir à autrui, car il avait le pouvoir d'instruire et de libérer les hommes.

Le mot « Bouddha » n'est donc pas, comme on le croit encore quelquefois, un substantif, mais bien un adjectif, de sorte qu'il faut le faire précéder de l'article et dire « le Bouddha. »

Les dieux vinrent tous rendre hommage au Bouddha.

Il fut alors soumis à de nombreuses épreuves de la part de Mara le Malin. Celui-ci fit d'abord souffler sur lui un vent d'une violence telle qu'il emportait les forêts et les rochers. Le Bouddha, par sa vertu, fut préservé de l'ouragan.

Puis Mara déchaîna une forte pluie accompagnée de grêle ; du ciel, tombaient des sabres, des couteaux qui venaient aux pieds du Bienheureux sans le blesser. A cette vue, Mara, plein de fureur, envoya sur la terre des torrents de boue et étendit une obscurité profonde dans l'atmosphère où Il se tenait. L'obscurité se changea en une lumière éclatante qui fit resplendir le Sage.

Désespéré de sa défaite, Mara s'adressa à ses filles, célèbres pour leur beauté. Elles se présentèrent devant le Bienheureux et cherchèrent à le séduire. Celui-ci demeura insensible à leur grâce et à leur jeunesse. Enfin, Il leur dit : « Vous n'avez aucune chance de succès auprès de moi, qui suis un Bouddha parfait et délivré de toutes les passions. »

Le Malin, voyant échouer sa puissance, tenta de le faire renoncer à sa tâche d'instructeur du monde et de le faire entrer dans le Nirvana. Le Bouddha a raconté à Ananda en quels termes il répondit : « O Ananda, je répondis au Malin, je n'entrerai pas dans le Nirvana, ô Malin, avant de m'être gagnés comme disciples des moines qui soient sages et instruits, au courant de la doctrine, et qui fassent connaître et exposent ce qu ils ont entendu de la bouche de leur Maître. »

Le Bouddha eut alors la connaissance parfaite des effets et des causes, Il vit toutes ses existences passées et il connut également toutes les vies des êtres humains.

Il eut, à ce moment, un instant d'hésitation : devait-il annoncer la vérité au monde?

« A quoi bon découvrir au monde ce que j'ai conquis dans de pénibles combats, saura-t-il comprendre la vérité? »

Brahma connut alors Sa pensée et, craignant que le monde fut perdu à jamais, il parut devant le Bienheureux : « Veuille, ô Maître le Bienheureux, prêcher la doctrine. Il y a des êtres qui sont purs de la fange terrestre, mais, s'ils n'entendent pas ta parole, ils ne seront pas sauvés. »

De même que dans un étang de lotus parmi les roses des eaux, lotus bleus, lotus blancs, nés dans l'eau, montant dans l'eau, les uns n'émergent pas de l'eau et fleurissent au fond, d'autres roses des eaux, lotus bleus, lotus blancs, nés dans l'eau, montant dans l'eau, les uns émergent de l'eau, l'eau ne mouille plus leurs fleurs, de même aussi quand le Bienheureux, avec le regard d'un Bouddha, jeta les yeux sur le monde, il aperçut des êtres dont les âmes étaient pures de la fange terrestre et d'autres dont les âmes n'étaient pas pures de la fange terrestre, des êtres d'un esprit vif et d'un esprit obtus, d'un caractère noble et d'un caractère bas, de bons auditeurs et de mauvais auditeurs, et il parla ainsi : « Qu'elle soit ouverte à tous, la porte de l'Eternité ; que celui qui a des oreilles entende la parole et croie (1). »

Durant ces longues heures de méditation, Il

(1) Oldenberg. *Le Bouddha, sa vie, sa doctrine.*

avait compris toutes les causes de la souffrance humaine.

Ces causes ne sont pas, en réalité, très nombreuses.

L'ignorance vient en premier lieu. Par elle, les hommes commettent sans cesse les mêmes erreurs, comme des aveugles marchant à tâtons tombent dans les mêmes fondrières.

Ensuite l'illusion. Par elle, nous prenons pour réalité ce qui n'est qu'apparence. Elle conduit les hommes dans la mauvaise voie sans même qu'ils s'en aperçoivent.

Puis la conscience. Elle permet de distinguer les différents objets les uns des autres, objets qui n'ont pas d'existence véritable, pas plus que le nom et la forme auxquels ils se rapportent.

Au surplus, les organes des sens sont une cause d'erreur ; nos sens sont, en effet, bornés : lorsque nous pensons être guidés par eux, ils ne font que nous égarer.

Notre sensibilité physique ou morale fait naître en nous le désir et l'amour du plaisir. Or, le plaisir dissimule la douleur, il nous déçoit continuellement, car là où nous croyons trouver le bonheur, nous n'éprouvons que le dégoût.

Par le désir, l'homme aspire sans cesse à une nouvelle existence où l'attendent la souffrance, la maladie, la vieillesse et la mort.

Nous retrouvons le Bouddha à Bénarès : c'est là qu'Il devait, pour la première fois, faire tourner la Loi. Il arriva à Isipatana, en un lieu appelé le parc des Gazelles, où étaient réunis les cinq sages qui l'avaient abandonné quand ils l'avaient vu renoncer aux mortifications et au jeûne.

Les Ecritures bouddhistes nous ont donné le récit de l'arrivée du Maître à Bénarès et dépeint en ces termes l'état d'esprit des cinq religieux.

Quand ils virent le Bouddha, ils se dirent entre eux : « Amis, voici l'ascète Gautama qui vit dans l'abondance, qui a renoncé à ses efforts, ne lui souhaitons pas la bienvenue, ne nous levons pas pour le recevoir, ne le débarrassons ni de son vase à aumônes, ni de son manteau, mais préparons-lui un siège. Qu'il s'assoie, s'il le désire. »

Mais, plus le Bouddha s'approchait des cinq moines, plus ceux-ci sentaient faiblir leur résolution. Ils allèrent au devant du Bienheureux, le débarrassèrent de son manteau et de son vase à aumônes, lui apportèrent de l'eau pour ses pieds, un siège, un tabouret, et le Bienheureux, s'étant assis, se lava les pieds.

Les Moines n'admettaient toujours pas que le Maître fut en possession de la vérité, puisqu'il avait renoncé à sa vie d'austérités. Le Bouddha, qui lisait dans leur esprit, leur parla ainsi : « Il y a deux extrêmes, ô Moines, dont celui qui veut mener une vie spirituelle doit rester éloigné : l'un est une vie de plaisirs, adonnée à la jouissance ; cela est bas, ignoble, contraire à l'esprit, indigne et vain ; l'autre est une vie de macération ; cela est triste, indigne, vain. De ces deux extrêmes, ô Moines, le Parfait s'est gardé éloigné et il a découvert le chemin qui passe au milieu, le chemin qui dessille les yeux et l'esprit, qui mène au repos, à la science, à l'illumination, au Nirvana. Ce chemin sacré à huit branches qui s'appelle foi pure, volonté pure, langage pur, action pure, mémoire pure, méditation pure. C'est là, ô Moines, le chemin du Milieu, que le Parfait a découvert, qui dessille les yeux et l'esprit, qui mène au repos, à la science, à l'illumination, au Nirvana (1). »

Il les entretint longuement sur la Douleur, ses Origines et ses Causes.

Alors les cinq Moines, reconnaissant leur erreur, tombèrent aux pieds du Tathagata et se convertirent à sa doctrine.

Tels furent les cinq premiers disciples : Kondanaya, Baddhya, Vappa, Mahanama et Assadji.

C'est également à Bénarès qu'il faut placer la conversion du jeune noble Yasa. Celui-ci menait une vie frivole et dissipée. Après avoir entendu les paroles du Maître, il eut honte de sa conduite : jetant les yeux sur ses riches vêtements et sur les

(1) Cité par Oldenberg.

perles dont il était paré, il comprit la vanité de tous ces ornements. Mais le Tathagata, qui lisait dans sa pensée, lui dit : « Alors même que tu sois paré de joyaux, ton cœur peut avoir vaincu tes sens, l'extérieur ne constitue pas plus la religion qu'il n'affecte l'esprit. »

Yasa revêtit la robe jaune du moine et devint un disciple du Maître.

Dès lors, la vie du Bienheureux ne fut qu'une longue suite de prédications, de conversions et de courses sans fin à travers l'Inde. Il allait de ville en ville, prêchant la doctrine, toujours entouré d'une foule de peuple venue pour l'entendre et admirer sa sagesse et sa beauté.

Il demeura longtemps dans la forêt d'Orowela, où étaient réunis plus de mille brahmanes dirigés par trois frères nommés Kacayapa. Ces prêtres, malgré l'orgueil qu'ils tenaient de leur savoir et de leur caste, ne purent que s'incliner devant Son autorité. Le nombre des conversions augmentait sans cesse. Quelques-unes sont célèbres : telle celle du fameux roi Bimbisara avec mille de ses sujets. Les donations, également, affluaient ; une des premières fut celle du Parc des Bambous, offert par le roi Bimbisara.

A Radjagriha, le Maître convertit deux jeunes brahmanes, qui devinrent plus tard deux disciples renommés : Sariputha et Mandjâlyânâ. Le plus souvent, lorsque la nouvelle de l'arrivée du

Bouddha était annoncée dans une ville, les princes, les riches marchands, les artisans, les esclaves, les femmes et les enfants accouraient en foule au devant du Maître, attirés par la renommée de Celui qui avait conquis la parfaite sagesse et qui promettait au monde la Délivrance de la Douleur.

Ainsi le voyons-nous se diriger vers Vaiçali, au milieu d'une foule de fidèles, les nobles de la ville montés sur des chars traînés par des éléphants, et, parmi eux, la célèbre courtisane Ambapali, fameuse par sa beauté. Quand elle se trouva en présence du Bouddha, elle demeura respectueusement devant lui, elle avait laissé dans sa demeure ses plus belles parures et se présentait simplement vêtue, de sorte que le Bienheureux pensa en la voyant : « Cette femme se meut dans les cercles du monde, elle est la favorite des rois, cependant son cœur reste calme et tranquille, elle est réfléchie et sensée. » Le Maître l'instruisit et accepta de prendre un repas chez elle avec ses disciples.

Le roi de Maghada devint, lui aussi, un de ses adeptes les plus fervents.

Oldenberg, dans la traduction du soutra du fruit de l'ascétisme, trace un tableau à la fois poétique et pittoresque des entretiens du Bouddha avec le roi.

Une nuit d'octobre, alors que les lotus fleurissent, le roi de Maghada s'écria : « En vérité, cette nuit de lune est belle, en vérité cette nuit de lune est délicieuse, en vérité cette nuit de lune est superbe, en vérité cette nuit de lune invite à la joie. Quel Samana ou quel Brahmane dois-je aller entendre pour que mon âme soit réjouie ? » Et chacun lui indique un saint, mais le médecin du roi Jivaka dit : « Dans mon jardin de manguiers, ô Seigneur, demeure le Bienheureux, le Saint, le Suprême Bouddha ; avec une grande troupe de disciples, va l'entendre. » Et le roi fait préparer les éléphants, les flambeaux et les chars pour les reines, et toute l'escorte royale se rend au bois de manguiers. Là, le Bouddha aurait eu avec le roi le célèbre entretien sur le fruit de l'ascétisme, à la fin duquel le roi se convertit et devint membre laïque de la communauté.

Nous nous représentons volontiers le tableau richement coloré de cette assemblée royale où brillaient les belles courtisanes parées de joyaux étincelants, les seigneurs vêtus avec faste, dans l'enchantement de ces nuits tropicales baignées par la clarté lunaire.

Au centre, le roi demeure attentif au sermon du Maître et, autour de lui, les reines, les unes rêvant d'intrigues ou de frivolités, les autres subjuguées par la parole du Bienheureux, telles ces « roses des eaux, lotus bleus, lotus blancs, dont les âmes sont plus ou moins pures ou souillées de la fange terrestre ».

Le Bouddha retourna à Kapilavastu, sa ville natale, pour revoir sa famille. Long voyage : pendant soixante jours, dit-on, entouré d'une escorte de vingt mille religieux, Il s'avança à travers le pays. D'autre part, à Kapilavastu, le roi, les princes et toute la population s'apprêtaient à recevoir dignement le Bienheureux. On choisit pour sa résidence un endroit un peu écarté de la ville appelé le bosquet de Nigrandatha. Au jour venu, les paysans, les habitants des villes se portèrent en foule au devant de Lui. Quant aux princes et aux membres de la famille royale, ils se demandaient anxieusement quelle devait être leur attitude. Enfin, ils décidèrent que seuls les plus jeunes parmi eux se prosterneraient à ses pieds tandis que les princes plus âgés resteraient assis.

Le Bouddha, qui lisait dans les pensées de ses parents, songea par des miracles à abaisser leur orgueil. Il se concentra un moment, puis, s'élevant dans les airs bien au-dessus des princes, Il fit jaillir sur eux des gerbes d'eau et de lumière. Devant ce prodige, le roi s'émerveilla et vint se prosterner aux pieds de son fils ; tous les princes furent obligés de l'imiter.

Alors, le Bouddha s'assit à l'endroit qui lui avait été désigné et fit encore tomber sur la foule qui se pressait autour de lui une pluie de couleur pourpre, puis Il commença à prêcher la Loi.

La légende rapporte que, le matin suivant, Il sortit dans la ville, entouré des vingt mille religieux, pour quêter sa nourriture. Il avait d'abord hésité sur la conduite qu'il devait tenir. Irait-il directement au palais, ou irait-il mendier sa nourriture de porte en porte? Il songea, qu'étant un Bouddha, il devait agir comme ses prédécesseurs, et qu'une des principales obligations du moine était de mendier ses aliments, et ainsi fit-il. Cependant, un tel spectacle avait stupéfié tous les habitants, et la nouvelle en parvint jusqu'au palais. Le roi en fut fort affecté et humilié, aussi s'empressa-t-il à la rencontre du Bouddha, lui demandant pourquoi, lui, fils de roi, il quêtait sa nourriture comme un mendiant. « Il n'est pas convenable, lui dit-il, qu'un Rahan agisse comme vous le faites. » Le Bienheureux lui répondit : « Mon père, je ne suis plus fils de roi, mais un Bouddha et j'agis comme tel. » Il consentit à aller, avec toute son escorte, prendre un repas au palais.

Tous les grands, princes et dames, s'empressèrent autour de lui ; seule, Gopa ne parut pas. Le Bouddha se rendit auprès d'elle et Gopa se prosterna à ses pieds. Depuis le départ de son époux, elle avait renoncé à tout faste, elle ne prenait qu'un repas par jour, s'habillait d'étoffes grossières et avait abandonné l'usage des parfums.

Le Bouddha lui sut gré d'une telle abnégation et d'une si grande fidélité et lui enseigna la Loi.

A la suite de cette visite à Kapilavastu, le Bouddha fit de nombreuses conversions parmi ses parents et les habitants de la ville, séduits par la grandeur de son enseignement. Son fils Rahula devint un de ses disciples.

La légende rapporte encore que le Tathagata monta au ciel pour donner à sa mère, Mâyâ-Devi, l'enseignement de la Bonne Loi. On se souvient que Mâyâ-Devi était morte sept jours après la naissance de son fils.

En raison de sa sagesse, de ses vertus, et aussi pour le mérite d'avoir donné le jour à un Bouddha, Mâyâ-Devi avait rejoint le séjour du ciel Toucha, mais elle n'avait pas eu le privilège de participer à l'enseignement du Bienheureux. Le Bouddha entreprit de monter au ciel pour instruire sa mère et les dieux du monde céleste. Il y demeura, dit la légende, trois mois et redescendit sur terre au moyen d'un escalier de pierres précieuses, œuvre du Dieu Viçvakarma.

Voici à peu près de quelle manière Il employait les diverses heures du jour : Selon la coutume des pays chauds, Il se levait dès l'aube, et, après les soins consacrés à sa personne, Il réservait un certain temps à méditer et à élaborer la prédication de la journée. Il partait alors, avec le bâton et l'écuelle du mendiant. On sait que la principale obligation du moine était d'aller tous les jours mendier sa nourriture. Le moine, tête baissée, silencieusement, se présentait à la porte des maisons ; il ne devait jamais insister quand on lui refusait, il ne devait pas non plus s'adresser aux pauvres, il prenait simplement ce qu'on lui donnait.

Sa tournée accomplie, le Maître rentrait, se lavait les pieds et réunissait ses disciples autour de lui. Il prenait son repas et restait seul jusque vers midi. Il recevait alors tous ceux qui se présentaient à lui et les instruisait. Souvent, Il prononçait quelque prédication, à laquelle assistait une foule de peuple venue de tous les lieux environnants.

Après sa prédication, le Bouddha se baignait, s'entretenait avec ses disciples, à la nuit Il se retirait. D'après la légende, Il instruisait, pendant les heures de la nuit, les êtres vivant sur des plans différents des humains : les dévas. Mais on peut croire qu'il demandait simplement au sommeil la réparation des forces qu'Il dépensait si généreusement pour autrui.

Il parcourait ainsi les diverses parties de l'Inde ; cependant, à certaines époques de l'année, les pérégrinations étaient rendues impossibles à cause des pluies. Durant ces périodes, les rois des divers Etats, les nobles, ou les plus riches habitants des villes se faisaient un honneur de recevoir chez eux le Bouddha et sa suite. Quelquefois, des bâtiments étaient élevés pour Lui et ses disciples dans de vastes parcs, des bois ou des forêts généreusement octroyés par les fidèles. C'est alors qu'Il songea à créer des couvents dont le nombre, d'abord restreint, devait se multiplier d'une manière extraordinaire, bien qu'Il n'eût jamais fait de la vie en commun une obligation pour ses disciples. Au contraire, un certain nombre vécurent solitaires dans les forêts, à l'écart du reste des hommes ; mais la plupart estimaient trouver, dans la vie monacale, un moyen plus efficace pour travailler à leur salut spirituel. Sur ce point, comme sur bien d'autres, chacun suivait librement ses aspirations.

Au début, ces communautés furent à peine organisées, mais, à mesure que leur importance s'accrût, il fallut les réglementer.

Il y eut certaines conditions d'âge et de santé requises pour ceux qui se destinaient à la vie religieuse. Les novices ne furent pas acceptés avant l'âge de sept ans ; les futurs moines devaient être âgés de vingt ans et exempts de toute maladie. Le candidat se présentait devant « la Sangha », composée de dix membres au moins, revêtu d'un vêtement jaune, les cheveux et la barbe rasés ; il prononçait trois fois de suite cette formule : « Je mets mon recours dans le Bouddha, je mets mon recours dans la doctrine, je mets mon recours dans la communauté. » Point de dogmes précis, ni de vœux perpétuels : le religieux pouvait toujours quitter la communauté quand il le désirait. La vie monacale était, tout au moins à l'époque du Bouddha, peu rigoureuse. Il y avait, cependant, pour le moine, l'obligation de mendier la nourriture; cette nourriture pouvait être du poisson, de la viande, du riz, tout ce qui était offert. Le moine était libre d'accepter des invitations chez les fidèles, et même de loger dans des édifices que les laïques faisaient construire. Cependant, il lui était interdit de ne rien posséder, sauf le bol des aumônes, le filtre pour purifier l'eau, un rasoir et trois robes, lesquelles devaient être d'une propreté absolue, de même que les lieux où il habitait.

Les religieux se livraient à de longues méditations ; c'était leur occupation la plus importante, un des moyens les plus efficaces pour acquérir la connaissance. Tous les quinze jours, ils devaient se confesser devant l'assemblée des moines. Ils étaient également soumis à « l'invitation », cérémonie qui avait lieu à la fin des trois mois de la saison des pluies, et où les moines qui avaient vécu en commun demandaient publiquement à leurs frères s'ils s'étaient rendus coupables de quelque faute à leur égard.

En principe, c'étaient les fidèles laïques qui, par des dons de toute sorte : nourriture, vêtements, médicaments, assumaient la charge de pourvoir à l'entretien des moines.

Le Bouddha attachait une importance extrême à ces dons ; Il y revient sans cesse dans ses discours, Il en fait un véritable devoir pour les laïques et un des moyens pour obtenir le salut.

La grande affluence de religieux qui se produisit à une certaine époque n'est peut-être pas étrangère à cette existence relativement facile qu'offrait la vie monacale et où l'obligation du travail n'existait pas. Certes, le plus grand nombre entrait dans la communauté par conviction et aussi par un sentiment d'adoration vis-à-vis du Bienheureux, mais peut-être certains étaient-ils attirés par la perspective d'une vie paisible où les besoins matériels étaient assurés.

Les plus anciens parmi les religieux prenaient le titre de « Shaviras » ou vieillards. Le terme « Arhat », assez connu en Occident pour désigner les sages de l'Orient, était réservé aux religieux qui se distinguaient par leurs connaissances et le développement de leurs facultés psychiques.

Une foule de religieux demeurait attachée à la personne du Bouddha et constituait en quelque sorte son escorte. Certains moines étaient aussi envoyés par Lui en mission, dans les différentes parties du pays, pour instruire le peuple et propager sa parole.

Parmi ceux qui formaient son entourage habituel, le plus connu était certainement le fidèle Ananda, le disciple bien-aimé, le propre cousin du Bouddha. Que de fois le Bienheureux ne s'est-il pas adressé à lui ! Il semble même qu'il ait cherché avec un soin particulier à l'amener à ce degré de perfection que Lui-même avait atteint. Si détaché qu'Il ait été de toute affection humaine Il témoignait pourtant à Ananda une tendresse paternelle.

A Ananda incombait tout le soin matériel de la vie du Bienheureux.

Sâripoutta et Megallana étaient également attachés au Maître et vécurent à peu près aussi longtemps que lui.

Oupali fut parmi ceux qui répandirent la Doctrine.

Devadatta, cousin du Bouddha, le trahit et chercha même à le faire périr. Il était ambitieux et ne voyait pas sans une certaine jalousie les honneurs rendus au Bienheureux. Il critiquait les règles imposées aux communautés de moines, les jugeait trop douces. Il professait un ascétisme que le Bouddha jugeait sans profit.

D'après la légende, il envoya contre le Tathagata un éléphant furieux, dans une de ces ruelles étroites d'Orient, où le Maître devait passer, mais celui-ci, par la seule force de sa bienveillance, sut maîtriser la fureur de l'animal.

Au nombre des fidèles laïques, les plus célèbres

dont les noms reviennent souvent dans les récits, sacrés furent : Bimbisara, le souverain de Magadha, et Pasenadi, le souverain de Kovala ; Jivaka le médecin de Bimbisara.

Bien peu de femmes ont un rôle dans la vie du Bouddha. Alors qu'autour du Christ les figures féminines Marthe, Marie, apparaissent au premier plan, les femmes demeurent ici à peu près absentes. Le Bouddha avait manifesté une très grande répugnance à les admettre parmi ses disciples, et ce ne fut que sur les pressantes sollicitations d'Ananda qu'il consentit à accepter Mahapajapâti, Sa mère adoptive.

Comme preuve de sa défiance à l'égard des femmes, on peut citer Ses paroles à Ananda :

« — Maître, dit Ananda, comment faut-il nous conduire à l'égard d'une femme?

— Il vous faut éviter sa vue, ô Ananda.

— Et si cependant nous la voyons, Maître, que faut-il alors que nous fassions ?

— Ne pas lui parler, ô Ananda.

— Et si cependant, Maître, nous lui parlons ?

— Alors, il vous faut prendre garde à vous, ô Ananda. »

Cependant, Il ne fuyait pas délibérément la société des femmes ; s'il avait dénoncé le péril de la volupté, il jugeait que l'homme dépourvu de désir pouvait les approcher sans danger.

Il fréquentait la maison de Vicaka, la vénérable et opulente matrone qui fournissait aux religieux des vêtements, de la nourriture et des médicaments. Il avait accepté le repas offert par la belle danseuse Ambapali qui, dans la suite, devint religieuse et atteignit un très haut degré de sainteté.

Il s'entretenait également, volontiers, avec Kémâ, la belle épouse du roi Bimbisara.

En principe, le Maître donnait audience à tous ceux qui venaient librement à lui, sans distinction de caste ni de sexe.

Une fois, dit la légende, Il fit cent lieues dans sa matinée pour aller convertir un génie anthropophage. Il reçut dans son ordre un féroce brigand nommé Anguilimâla, qui tenait son nom de la guirlande de doigts coupés à ses victimes. Les plus grands coupables savaient trouver grâce auprès de lui.

Toutes ces conversions ne s'effectuaient pas sans de nombreuses remontrances de la part des brahmanes soucieux de la dignité de leur caste. Le Bouddha leur répondait : « Ma loi est une loi de grâce pour tous. » Il ne fit pas d'exception pour les parias, jusqu'alors complètement bannis et mis à l'écart par toutes les castes de la société hindoue. C'est ainsi qu'il permit l'accès à la vie monastique à une jeune fille de la tribu des Tchandalas.

Sa conversion est ainsi rapportée : Un jour, au

cours d'une promenade, Ananda, très altéré, rencontra une jeune fille qui portait une cruche d'eau et lui demanda à boire. La jeune fille lui apprit qu'elle appartenait à la caste des Tchandalas. « Qu'importe, répondit Ananda, c'est seulement un peu d'eau que je désire. »

Plus tard, Prakriti (tel était le nom de la jeune fille) conçut pour Ananda une violente passion, mais, désespérant de jamais pouvoir toucher le disciple, elle s'adressa directement au Bouddha. Il la convertit et lui inspira le désir d'embrasser la vie ascétique. Prakriti se fit donc religieuse. Mais les Brahmanes et les Kchattryas protestèrent avec violence qu'une jeune fille Tchandala pût devenir religieuse. Le Maître ne s'arrêta pas à leurs observations. Pour lui, en effet, la distinction des castes n'était qu'un incident dans l'existence de l'homme sur la terre et, selon ses principes, il ouvrait la voie du salut à tous les êtres indistinctement. Les Brahmanes ne pouvaient admettre une telle dérogation à leurs traditions.

Cette confusion de castes chez les religieux demeura longtemps, parmi les réformes du Bouddha, celle qui choquait le plus les esprits Elle semblait un affaiblissement complet des mœurs.

Ces discussions entre les anciens Brahmanes et le Maître étaient assez fréquentes. Mais les Brahmanes n'étaient pas seuls en opposition avec Lui. Les Tirtikas ou Djains nus, jaloux de Sa popularité, portèrent contre Lui les accusations les plus violentes. Il triompha de toutes les calomnies et confondit ses ennemis.

S'il arrivait parfois, comme à Kousinara, qu'un édit royal ordonnait à tous d'aller à la rencontre du Maître sous peine d'amende, en revanche il fut quelquefois interdit aux habitants de certaines villes de fournir des aliments à Lui et à Ses disciples. Ses adversaires espéraient le réduire par la famine, mais le zèle de Ses partisans déjouait toutes les manœuvres. Le Bouddha acceptait avec calme les injures et les calomnies : elles étaient, disait-il à ses disciples, la punition des calomnies dont Il s'était rendu coupable durant ses vies passées.

La persécution s'étendait aux moines qui répandaient sa doctrine. Il arriva que Mankalon, un des grands disciples, fut tué, dans son ermitage, par des fanatiques du parti opposé.

Un jour, le Bouddha se trouvant à Vaiçâli, apprit que le roi, son père, était gravement malade et sur le point de mourir. Aussitôt, Il s'élança à travers les airs et s'arrêta en face du palais. Il se rendit dans la pièce où se trouvait le malade ; là, Il se recueillit quelques instants et posa une main sur la tête de son père :

« Par la vertu des mérites que j'ai acquis durant

des existences innombrables, par le pouvoir des fruits recueillis pendant quarante-neuf jours autour de l'arbre Boddhi, que cette tête soit délivrée de souffrance (1). »

Ananda tenait la main gauche ; Nanda, le frère cadet du Bouddha, tenait la main droite.

Tous les trois, avec une égale ferveur, prononcèrent des prières, et le roi fut délivré de toute souffrance, mais il était usé par l'âge et continuait à être très faible.

Le Bouddha prêcha à son père la loi du changement, lui donna d'excellentes instructions et l'informa que, dans sept jours, sa vie serait terminée. Le vieux roi, parfaitement préparé à la mort, dit : « Maintenant, me voilà délivré de toute passion », et il passa paisiblement les derniers jours qu'il avait à vivre, demandant pardon des fautes qu'il avait pu commettre à ceux qui l'entouraient. Le Bouddha assista aux funérailles et mit le feu au bûcher.

Un soutra de la collection des livres sacrés, le « Maha Paribbana », nous donne le récit du dernier voyage du Maître de Râjagriha à Kousinârâ et des détails sur la fin de sa vie.

Le Bienheureux s'était retiré dans la ville de Vesali pour y passer la saison des pluies ; Il devenait vieux et malade ; néanmoins, Il continuait

(1) Citation de *Vie ou Légende de Gaudama* (P. Bigandet).

à prêcher et à instruire ceux qui venaient à Lui.

Un matin qu'Il se rendait à Vesali, pour y faire sa quête habituelle, Mara le Malin se présenta à Lui et l'engagea à entrer dans le Nirvana. Le Maître, qui sentait ses forces décliner, lui répondit : « O Malin, ce sera bientôt le moment. » A ces paroles, un grand coup de tonnerre retentit et la terre trembla. C'était là un des présages annonçant l'entrée du Bouddha dans le Nirvana. Le même soir, il rassembla ses disciples et leur dit : « Ecoutez-moi, frères, toutes les choses composées doivent se désagréger. Travaillez avec diligence à votre salut. Mes années ont atteint leur terme, ma vie tire à sa fin, je vous quitte, je pars me reposant sur moi seul. Soyez diligents, mes frères, saints, réfléchis. Soyez fermes dans vos résolutions. Veillez sur votre propre cœur. Celui qui ne se lasse pas, mais qui se tient fermement à cette vérité et à cette loi, traversera l'océan de la vie et mettra un terme à la souffrance. »

Le lendemain, surmontant sa fatigue, le Bienheureux voulut encore partir. Il se rendit à Pava et s'arrêta dans un bois de manguiers appartenant à Kunda, fils d'un riche orfèvre, qui lui avait fait don d'un monastère. Kunda, ayant appris que le Bienheureux s'était arrêté dans son bois, se rendit auprès de lui, le salua et s'assit avec respect à ses côtés. Quand il fut assis, le Bienheureux l'instruisit et il se retourna tout heureux, après avoir prié le Maître d'accepter de prendre un repas chez lui avec les disciples.

Le Maître accepta son invitation.

Rentré chez lui, Kunda fit préparer du riz sucré, des gâteaux et un plat de sanglier, puis il alla annoncer au Bienheureux que le moment était venu par ces paroles : « L'heure est venue, Seigneur, et le repas est prêt. » Le Bienheureux s'habilla et se rendit avec les disciples à la demeure de Kunda. Ce devait être son dernier repas.

Le Bouddha continua ensuite sa route, mais bientôt il fut contraint de s'arrêter pour prendre un peu de repos. Altéré, il demanda à Ananda d'aller lui chercher un peu d'eau, mais l'eau, à cet endroit, était boueuse, et Ananda lui dit : « Maître, cette eau est impure. » Le Bouddha renouvelant sa demande, Ananda alla puiser l'eau et, quand il revint, elle était claire et limpide. Ce fut le premier prodige ; le second fut la transfiguration du Bouddha.

Sur la route, ils rencontrèrent un riche marchand qui offrit au Maître et à Ananda deux superbes vêtements couleur d'or. Le Bouddha s'en revêtit et, aussitôt, son visage devint si resplendissant que l'or du vêtement parut sombre. Ananda, surpris, interrogea le Bienheureux : — « Ce que tu dis est vrai, ô Ananda, le Bouddha est transfiguré deux fois dans sa carrière terrestre : la première fois, dans la nuit où il arrive à la suprême connaissance, et, la seconde, dans la nuit où il entrera dans la paix éternelle, et c'est aujourd'hui, à la troisième heure de la nuit, que le Bouddha entrera dans le Nirvana. »

De plus en plus malade, Il arriva sur le bord de la rivière Hiranyavati, dans un petit bois de sandaliers blancs, et commanda à Ananda de lui dresser un lit de repos entre deux arbres, la tête tournée vers le Nord.

Dès qu'Il fut étendu et bien que ce ne fut pas la saison, les arbres au-dessus de sa tête se couvrirent de fleurs ; autour de lui, dans la forêt, les arbres également fleurirent comme au plus beau jour de printemps. Quand le Bouddha vit les arbres resplendissants, il s'adressa en ces termes à son disciple :

« Et couverts de fleurs, ô Ananda, bien que ce ne soit pas la saison des fleurs, sont ces deux arbres jumeaux et, sur le corps du Parfait, leurs fleurs pleuvent en foule, pleuvent à flots (1). »

C'étaient les pleurs de la Nature ; en même temps, on entendit de célestes mélodies.

A ce miracle, Ananda comprit que le Bienheureux entrait dans le Nirvana et, bien qu'il fut lui aussi un sage, il ne put retenir ses pleurs.

(1) Traduction d'Oldenberg.

« Ne va pas gémir, ô Ananda, dit le Maître, ne va pas te désespérer. Ne te l'ai-je pas dit. De tout ce que l'homme aime, de tout ce qui le charme, de tout cela, il lui faut se séparer, se priver, se détacher. Comment se pourrait-il, ô Ananda, que ce qui est né, créé, fabriqué, sujet à l'instabilité, ne passe pas. Cela n'est pas possible, mais toi, ô Ananda, tu as longtemps honoré le Parfait par tendresse et par bienveillance pure et sans artifice, en paroles, en pensées et en actions. Tu as fait le bien, ô Ananda, persévère et bientôt tu seras affranchi de tes péchés (1). »

La nuit était venue : Subhada, un religieux, ayant connu la présence du Bouddha dans le bois de sandaliers, demanda à le voir pour l'entretenir. Les disciples voulurent l'écarter ; le Bouddha, malgré ses souffrances et complètement maître de sa pensée, commanda à Ananda de laisser approcher le moïne et l'entretint pendant quelques instants.

A l'annonce de la fin du Bienheureux, les nobles de Kousinaras, et toute une foule de femmes et d'enfants se rendirent au lieu où Il reposait pour lui rendre une dernière fois leurs devoirs.

Avant d'expirer, le Bienheureux s'adressa encore une dernière fois à ses disciples : « En

(1) Traduction d'Oldenberg.

vérité je vous le dis, tout ce qui est créé est périssable, luttez sans relâche. »

Telle fut la fin de cette vie d'abnégation et de sacrifice.

Quelques jours après, au lever du soleil, eurent lieu les funérailles du Bouddha.

Les princes Mallas se livrèrent alors à des offrandes de fleurs et de parfums, et ils portèrent le corps à l'endroit même où il devait être brûlé.

Les « Nats » escortaient le convoi avec leur musique, des danses, des fleurs et des parfums. Une riche veuve, nommée Malika, fit don d'une merveilleuse pièce d'étoffe finement brodée et parfumée d'essences les plus rares. On en couvrit le corps du Bienheureux.

Les princes essayèrent alors de mettre le feu au bûcher, mais leurs efforts furent vains, le corps ne s'enflammait pas.

Un grand Rahan Kathaba, célèbre par sa sagesse, venait d'arriver et, ayant appris la mort du Bouddha, vint lui rendre un dernier hommage ; il se prosterna, s'approcha du bûcher et y mit le feu ; alors seulement une flamme brillante s'étendit rapidement. Soudain, aux yeux de la foule émerveillée, le cercueil s'ouvrit et les deux pieds du Bouddha apparurent éclatants comme le soleil et la lune.

On recueillit les quatre dents canines, les deux

os des épaules, l'os du cou, l'os frontal. Ce furent les sept grandes reliques.

La date exacte de la mort du Bouddha demeure inconnue : Burnouf la fixe à peu près en 544 ou 543 avant notre ère ; Oldenberg donne la date de 483 ; Kern, de 370 avant Jésus-Christ, et Cunningham indique l'année 477.

APERÇU DE LA PHILOSOPHIE ANTÉRIEURE AU BOUDDHA

CHAPITRE II

Aperçu de la philosophie antérieure au Bouddha

> Fuir tous les vices.
> Pratiquer toutes les vertus.
> Purifier son cœur.
> Telle est la religion des Bouddhas.
>
> Dhammapada.

De toute l'immense littérature bouddhiste, et elle est d'une richesse inouïe, puisque les volumes d'un seul ouvrage thibétain peuvent faire, dit-on, la charge de quatre-vingts chameaux, il n'y a pas une seule ligne de la main du Bouddha.

Le Bienheureux, pas plus que ses premiers disciples, n'a rien écrit.

Il ne faut pas oublier qu'Il appartenait à la caste des Kchattryas, caste militaire et royale, et qu'Il n'était pas un brahmane érudit.

Son enseignement a été tout oral. Quelques auteurs ont prétendu qu'il existait une doctrine ésotérique du bouddhisme. Il est assez difficile de se faire une opinion à ce sujet. Le Bouddha, rompant avec les anciennes traditions brahmaniques, s'est adressé à tous. Toutefois, un auditoire aussi nombreux que le sien n'était pas prêt à recevoir certaines vérités. Un véritable enseignement philosophique n'est à la portée que des esprits cultivés. Sans doute, Il réservait aux disciples qui formaient son entourage immédiat des vérités qu'Il n'aurait pas confiées à la foule, incapable de les comprendre.

Dans ce cas, tout cet enseignement est perdu pour nous. Quelques disciples ont pu le garder un certain temps et se le transmettre tel un héritage sacré, mais il n'est resté définitivement que les ouvrages rédigés à la suite des travaux des différents conciles.

Deux mois après la mort du Bouddha, un premier concile fut réuni à Radjâgrihâ. A cette occasion, le roi de Magadha, Adjâtaçatrou, fils du roi Bimbisara, fit construire une immense salle au pied de la montagne Vibhara, à l'entrée de la grotte Satapanni.

Cette assemblée, présidée par Kâçyapa, un des disciples du Maître, et qui se composait de cinq cents moines parvenus à l'état d' « Arhats », c'est-à-dire de sages, tint ses assises durant une période de sept mois.

Elle se proposait de rappeler les paroles du Bouddha, telles qu'il les avait prononcées, de manière à être d'accord sur ce qui devait être enseigné comme doctrine. Ananda, qui avait toujours été le fidèle compagnon du Maître, répéta les discours, les sermons et les instructions qu'on désigne sous le nom de « Soutras ».

Le disciple Oupali rappela les règles de la discipline qui forment ce qu'on appelle le « Vinaya ». Kâcyapa commenta la doctrine métaphysique de l'Abhidharma.

Les Soutras, le Vinaya et l'Abhidharma forment le Tripitaka.

Rien ne fait supposer qu'il y eut quelque rédaction écrite. Ces exposés furent oraux et seulement confiés à la mémoire des disciples pour être répétés comme étant la parole même du Maître.

Un deuxième concile se réunit à Vaiçâli, un siècle plus tard ; celui-ci était seulement destiné à régler certains points de discipline. Quelques moines s'étaient plaint de la sévérité des règles et réclamaient un peu d'adoucissement à leur vie : la permission de prendre un second repas après midi, d'assaisonner la nourriture, de boire du lait entre les repas.

A ce concile, sept cents religieux prirent part. Finalement, les moines mécontents, convaincus d'hérésie, furent expulsés de la communauté.

La loi fut de nouveau rappelée, mais, de même qu'au premier concile, il ne fut pas question d'une rédaction quelconque de la Doctrine.

Un troisième concile se réunit à Pâtalipoutra, sous les auspices du roi Açoka, récemment converti à la religion bouddhiste et qui venait de lui donner un nouvel essor. La date de ce concile est fixée au troisième siècle avant notre ère. Neuf cents moines étaient présents, sous la direction d'un religieux vénérable Mandgalipoutra. C'est de cette époque que date la rédaction du Soutra Pitaka, du Vinaya Pitaka et de l'Abhidharma Pitaka ou les lois manifestées.

L'assemblée siégea durant sept mois et rédigea les caractères et les événements de la vie du Bouddha.

Il est encore question d'un autre concile, le concile de Djâlandhara, qui tint ses assises vers le 1er siècle de notre ère et se composait d'Arhats et de religieux. La première rédaction des textes du concile précédent fut contrôlée, vérifiée et inscrite sur des plaques de cuivre pour les préserver de l'atteinte du temps.

Les divergences théologiques s'y firent encore plus sentir que dans les conciles précédents. On comptait déjà dix-huit sectes différentes. De cette époque datent les deux grandes écoles connues sous le nom de Grand Véhicule et de Petit Véhicule.

Nous croyons utile de donner ici quelques explications sur ces termes qu'on retrouve continuellement dans les ouvrages sur le bouddhisme.

Le « Petit Véhicule », ou Hinayana, était une doctrine à la portée de tout le monde ; elle suivait très exactement la parole du Maître, mais ses adeptes n'avançaient que lentement dans la voie du salut. Au contraire, le « Grand Véhicule », ou Mâhâyana, réservé aux esprits plus éclairés, conduisait à la Délivrance, au Nirvana. Il était d'une pratique moins accessible.

Il a développé l'enseignement mystique et métaphysique du bouddhisme, la théorie du vide, de la contemplation.

Le Grand Véhicule, qui eut pour fondateur Nagarjourna, s'est divisé en deux grandes écoles, celle des Yogâtcharyas, et celle des Madhyamikas qui prétendait conserver plus intégralement l'enseignement de Nagarjourna.

Le Petit Véhicule fut adopté dans le sud de l'Inde, en Birmanie, au Cambodge.

Le Grand Véhicule se répandit dans le nord de l'Inde, en Chine et au Thibet. De là est l'origine du Bouddhisme du Nord et du Bouddhisme du Sud. Ces deux écoles, à leur tour, se sont subdivisées en un grand nombre de sectes, dont quelques-unes sont très éloignées du Bouddhisme du Bouddha.

Avant d'examiner l'œuvre du Bouddha, et pour en saisir toute l'importance, il convient d'avoir une notion tout au moins sommaire des théories des philosophes, ses prédécesseurs. Ainsi, nous verrons en quoi le Bouddha a innové et ce qu'Il a maintenu des anciennes théories hindoues. Cet aperçu, en raison des limites de notre ouvrage, sera très succint. Nous renvoyons tous les lecteurs curieux d'étudier la philosophie dans l'Inde antique aux ouvrages qui traitent particulièrement cette question, tels que ceux de MM. Lamairesse, Barthelémy Saint-Hilaire, H.-T. Colebrooke, dans lesquels nous avons puisé.

Réfutons tout d'abord l'erreur commise par tous ceux qui considèrent le Bouddha comme un révolutionnaire. L'épithète de révolutionnaire, au sens sociologique que ce mot revêt aujourd'hui, ne saurait lui convenir. D'ailleurs, comme nous le verrons, aucune forme, même vague, de socialisme, aucun symptôme de révolte, n'existait alors dans l'Inde. Il a accepté toutes les institutions de son temps. Il a reconnu la hiérarchie des castes établie avant lui et qui a subsisté après lui. Il n'a préconisé en aucune manière la lutte entre ces castes, il n'a pas prêché la haine du pauvre à l'égard du riche. Il n'a prononcé aucune parole contre la propriété privée, contre les liens de la famille.

Bienveillant envers les humbles, il a été plus d'une fois l'ami des puissants et des rois ; ses premiers disciples appartenaient tous aux castes les plus élevées de la nation.

Certes, il a été le premier à dire : « Qu'elle soit ouverte à tous la porte de l'éternité. Que celui qui a des oreilles entende la parole et croie. »

De là, on a conclu trop hâtivement qu'Il admettait le principe d'égalité. Il en était cependant très éloigné ; ce principe a toujours répugné d'ailleurs à la mentalité des Orientaux. Le Bouddha expliquait les inégalités sociales ou naturelles comme la conséquence des œuvres accomplies au cours des existences antérieures. Tel qui avait commis des fautes graves naissait Tchandala, ou esclave, ou même femme, dans la vie suivante ; c'était une forme de l'expiation des actes du passé. Le Bouddha acceptait les inégalités sans songer à les effacer ; elles étaient nécessaires à l'application même de la loi de causalité. Bien plus, il estimait qu'un Bouddha ne pouvait être issu que d'une famille brahmane ou royale.

Sa véritable originalité consiste à avoir pris pour point de départ la compassion universelle. Tandis que les brahmanes et les philosophes, ses prédécesseurs, ne professaient que pour une élite. Lui s'adressa indistinctement à tous les hommes et à toutes les femmes, même à ceux qui paraissaient le plus méprisables. C'était là, un des principaux reproches que lui faisaient ses adversaires. De plus, après lui, le sacerdoce, qui était héréditaire et qui, jusqu'à son époque, avait été réservé aux brahmanes seuls, passa aux religieux bouddhistes issus des castes les plus diverses.

D'une manière générale, on peut dire que la

plupart des grandes vérités enseignées dans les Oupanishads se retrouvent dans la philosophie du Bouddha, ainsi nous voyons au début du Dhammapada :

« Tout ce que nous sommes est le résultat de ce que nous avons pensé. »

Idée que nous retrouvons dans les Oupanishads :

« Les pensées, seules, sont la cause du cycle de la naissance et de la mort. Que l'homme s'efforce donc à bien penser. »

Le principe de la transmigration des âmes figure dans l'antique épopée du Mahabarata : « Bien qu'immortel, dit Vichnou, j'ai eu volontairement plusieurs naissances ; par le pouvoir que j'ai sur ma propre naissance, je me suis manifesté toutes les fois que j'ai vu sur la terre le déclin de la vérité. J'apparais ainsi d'âge en âge, pour le salut des justes, la perte des méchants et le règne de la vérité. »

Nous retrouvons la doctrine de la rétribution des œuvres dans les Oupanishads : « Tel on se conduit, est-il écrit, tel on devient. »

Nous ne parlerons pas des Bouddhas antérieurs à Çakya Mouni. Leur nombre s'élève, dit-on, à vingt-quatre, mais ce chiffre est très discutable ; l'existence de ces Bouddhas appartient complètement à la légende.

On sait que toute la philosophie, les lois, la littérature hindoues dérivent des Védas, ouvrage d'une très haute antiquité que les brahmanes prétendaient être contemporain de la Création.

Sous leur forme primitive, les Védas constituaient un ensemble assez confus et souvent contradictoire, tout au moins en apparence.

Un abrégé en a été donné, il y a plus de deux mille ans, par Vyasa, sous le nom de Védanta. Les Védas reconnaissent un Être suprême unique, dont l'univers entier procède et dont l'œuvre est l'Univers.

Rien ne lui est égal ou supérieur, tout émane de Lui, la terre, l'eau, le soleil. Il est dans tous les éléments et, cependant, Il est distinct de chacun d'eux.

Il n'a ni figure, ni forme, Il ne peut être compris ni par l'intelligence ni par aucun organe des sens. En réalité, Il a la vision suprême, car Il perçoit toute chose, mais Il ne peut être vu, Il est hors des limites de l'entendement humain.

Cependant, l'homme peut concevoir cet Être suprême. Il peut l'adorer partout où son esprit éprouve le calme et la tranquillité.

Il est écrit que nous devons approcher de Dieu, « que nous devons lui prêter l'oreille, nous devons penser à Lui, nous devons faire tous nos efforts pour arriver à Lui ».

Des différentes doctrines émanant des précurseurs du Bouddha, tels que Jamini, Çankara,

Kanada, Gotama, Kapila, nous dégagerons seulement les principaux traits qui les caractérisent, de manière à faire ressortir tout ce qui présente une analogie avec Son enseignement.

Jamini est le chef d'une école appelée le Mimansa. Il admet l'immortalité de l'âme et se propose la connaissance du Dharma ou de la Loi, c'est-à-dire de tous les rites et sacrifices reconnus obligatoires par les Védas.

Pour Çankara, l'unité est partout, tout est Brahma, tout repose en lui, tout procède de lui. L'homme qui vit pour Brahma, qui renonce à tous les biens matériels, acquiert la véritable connaissance, la « boddhi ». Son âme s'affranchit du corps et il s'unit à l'âme du monde. Celui qui parvient ainsi à se détacher de son corps obtient des pouvoirs exceptionnels ; il n'est plus soumis aux lois physiques. Il lit dans la pensée, il voit et il entend au delà de l'étendue de ses sens.

La délivrance, ou l'identification avec Brahma, s'obtenait par le renoncement, la méditation et la foi.

Çankara établit que la vie religieuse est ouverte à tous, principe qui fut combattu par les brahmanes et que le Bouddha devait faire triompher plus tard.

Comme le Bouddha, Çankara professe que l'âme individuelle est une illusion.

Avec l'école de Kanada et de Gotama, nous avons une nouvelle théorie de la matière.

Les substances matérielles sont formées d'atomes. L'atome est simple, c'est la plus petite quantité de matière qu'il nous soit possible de percevoir. Cette conception présente quelque analogie avec la philosophie de Démocrite et d'Epicure.

La principale différence qui existe entre ces deux écoles, c'est que Démocrite n'admet pas la divisibilité de l'atome, alors que, pour Kanada, il est divisible à l'infini. Tous les éléments, la terre, l'eau, la lumière, sont formés d'un nombre incalculable d'atomes soumis à des changements constants.

Ces atomes sont doués d'une certaine force inconnue que Kanada appelle le « Non Vu ». Les atomes sont éternels. La qualité est unie à la matière. Kanada énumère vingt-quatre qualités : la couleur, l'odeur, la saveur, la chaleur, le nombre, la quantité, l'individualité, la conjonction, la disjonction, la priorité, la postériorité, la gravité, la fluidité, la viscosité.

Certaines de ces qualités ne peuvent être perçues par les sens externes, ce sont : l'intelligence, la passion, la douleur, le désir, la vertu, le vice.

Kanada établit la distinction entre l'âme et la matière. L'âme est éternelle et individuelle, elle est soumise aux transmigrations successives, mais elle peut se libérer par la connaissance.

Comme le Bouddha, mais sans en faire le pivot de toute sa philosophie, Kanada se propose de délivrer l'humanité de la douleur. Il a également insisté sur la modération, la mesure, reprimandé l'abus des miracles et des pouvoirs surnaturels.

On a pu dire de Kapila qu'il a été le véritable fondateur du Bouddhisme. On retrouve, en effet, chez celui qu'on a appelé le grand Saint, la plupart des vérités que le Bouddha a développées, mais on y chercherait en vain ce sens profond de la compassion qui émane de la philosophie du Bienheureux.

Pour Kapila, la Nature, « Prakriti », est éternelle; tout provient d'elle, c'est le principe primordial, c'est en elle que réside l'élément insaisissable de l'âme.

La Nature engendre la Bouddhi, ou la Connaissance, l'illumination. Par celle-ci, nous acquérons la conscience qui nous permet de faire la distinction entre le moi et le non moi.

Les organes des sens proviennent de la conscience. Ces organes sont au nombre de onze, quelques-uns sont infiniment subtils, les autres sont grossiers.

Le Manas, ou Intelligence, reçoit les sensations et les transmet à la Bouddhi.

L'Ame est multiple, sensible, éternelle, elle est soumise aux transmigrations successives. Elle est individuelle et non universelle, car la naissance et la mort sont assignées à chaque être en particulier ; si une seule âme animait tous les corps une créature étant née, toutes seraient nées ; il en serait de même à la mort, la fin d'une âme amènerait la fin de toutes les autres.

L'enveloppe de l'âme est grossière, la mort est l'abandon de cette enveloppe, mais non l'extinction de l'âme, car elle est impérissable. Elle n'est qu'un témoin solitaire et passif, un miroir qui reflète ce qui se passe dans la conscience et dans l'intelligence.

Après la séparation avec le corps, elle jouit d'une béatitude infinie.

Pour Kapila, de même que pour le Bouddha, c'est la connaissance qui, seule, procure la délivrance complète. L'homme arrive à la vérité par la perception, l'induction, l'affirmation, et par l'exercice constant de son jugement. Il acquiert alors la science véritable, il perd l'illusion de sa personnalité et arrive à cette conclusion : « Je ne suis pas, rien n'est mien, il n'y a pas de moi. »

Les obstacles à la connaissance proviennent de la passion, de la haine, de l'orgueil et de la crainte.

On ne peut passer sous silence sa théorie des trois qualités. Ces qualités sont : la bonté, qui soulage et éclaire et qui s'accompagne de plaisir et de bonheur ; la passion active, tyrannique ; l'obscurité lourde et escortée de la douleur.

Citons enfin sa classification des êtres, en ordres inférieurs, qui comprennent les quadrupèdes, les oiseaux, les reptiles, les poissons, les insectes, qui habitent le séjour de l'obscurité ou de l'illusion, et en ordres supérieurs, réservés aux dieux habitant le séjour de la bonté.

Entre ces deux séjours, est le monde de l'homme, où règnent la passion et la misère éternelle. L'homme est, en effet, toujours malheureux, les dieux sont heureux et les êtres inférieurs sont stupides.

Il n'y a pas de Dieu dans le système de Kapila, d'abord il n'y a point de preuve de l'existence de Dieu, nous ne pouvons le percevoir par les sens ni le concevoir par le raisonnement.

Cependant, Kapila admet un être dérivant de la Nature, mais cet être date de l'univers, il a un commencement, une fin et se terminera avec l'univers.

De même que le Bouddha et la plupart des philosophes de cette époque, Kapila recherche la fin de la douleur. Les causes de la douleur sont la naissance, la vieillesse et la mort. Par la connaissance, l'homme se débarrassera de l'obligation de renaître et goûtera la béatitude infinie.

Kapila admet encore le principe de causalité.

Avec Pantajali, successeur de Kapila, l'idée de Dieu apparaît. Pantajali est le fondateur du Yoga. Il a enseigné les huit procédés qui permettent l'union de l'âme avec l'absolu. Ces procédés sont généralement matériels, quelques-uns ont un caractère plus intellectuel. Voici les plus connus : la mortification de la chair, la fixité de l'effort, la contemplation, le renoncement, la méditation, l'extase.

Certains de ces exercices sont pénibles, tels la suppression de la respiration, l'absence d'alimentation.

A côté de ces diverses écoles philosophiques, le Code de Manou mérite une place à part. Le Code de Manou n'est pas seulement un recueil de lois, il est un véritable traité de morale, un exposé de règles d'hygiène, une métaphysique.

A l'origine, il ne fut qu'un ensemble de coutumes et de prescriptions qui s'étaient propagées oralement par la tradition. Sa rédaction remonte au règne d'Açoka.

Nous retrouverons là encore le principe de la transmigration, la loi de causalité.

Ainsi, tout acte de la pensée, de la parole ou du corps, selon qu'il est bon ou mauvais, porte un bon ou mauvais résultat.

La condition des hommes dans ce monde est en raison directe de leurs actes dans leurs vies antérieures.

Les hommes vertueux parviennent au rang des dieux ; ceux qui sont emportés par leurs passions continuent à subir la condition humaine ; enfin, ceux qui sont demeurés dans le vice le plus bas retombent à l'état animal.

Nous n'insisterons pas sur les crimes et les peines, nous mentionnerons seulement les quatre grands crimes, qui sont :

1° Tuer un brahmane ;

2° Voler l'or d'un brahmane ;

3° Boire des liqueurs alcooliques ;

4° Commettre l'adultère avec la femme de son père naturel.

Quatre peines : la mort, la mutilation, l'exil, l'amende. Les supplices étaient raffinés et cruels : ainsi, la femme adultère était dévorée par les chiens, et son complice brûlé sur un lit de fer rougi par le feu. L'empalement sur un dard aigu, les doigts et les pieds coupés punissaient le vol.

Le châtiment s'étendait aussi à la vie future ; ainsi celui qui avait tué un brahmane passait dans le corps d'un bouc, d'un chien, ou d'un Tchandala. Ceux qui commettaient des actes de cruauté passaient dans le corps d'animaux carnassiers.

Le Code de Manou traitait le statut familial.

La femme mariée n'avait aucun droit, elle ne devait rien faire qui puisse déplaire à son mari, ni durant sa vie, ni après sa mort. Après la perte de son époux, elle ne devait même pas prononcer le nom d'un autre homme, sous peine d'être exclue du séjour céleste.

La femme était traitée comme un être méprisable adonné au vice.

« Les femmes ont en partage la paresse, l'amour de la parure, la concupiscence, la colère, les mauvais penchants, le désir de faire le mal, la perversité. »

Pendant leur enfance, elles sont sous la garde de leur père, de leur mari pendant leur jeunesse, de leurs fils durant leur vieillesse ; en fait, elles sont toujours en tutelle.

Elles ne peuvent ni hériter, ni administrer.

Insister davantage sur les règles édictées par Manou, serait sortir de notre cadre. Il nous a suffi de mentionner celles qui reflètent le plus fidèlement la mentalité sociale hindoue.

De ces diverses écoles philosophiques, antérieures à l'avènement du Bouddha, nous avons dégagé les traits communs : la distinction entre l'âme et le corps, le principe de la transmigration des existences, le principe de causalité et, généralement, la suppression de la personnalité.

Ne nous étonnons pas si nous trouvons, chez tous les philosophes de cette époque, la même préoccupation : la suppression de la douleur dans le monde.

En effet, la souffrance régnait alors effroyablement sur l'Inde entière. La famine, avec son cortège de maux et de maladies, décimait les populations. Les castes les plus favorisées opprimaient les plus faibles. Il faut ajouter l'accablement d'un climat excessif et la tyrannie d'un état social despotique.

Tant de misères ne pouvaient laisser indifférents ceux qui s'intéressaient à la destinée humaine, bien que les préoccupations d'ordre sentimental occupent peu de place en Orient. Cet excès de souffrance n'affligeait pas seulement les malheureux, il affectait tous les hommes, à des degrés différents.

Les rois avaient sur leurs sujets un pouvoir à peu près illimité, le droit de vie et de mort leur appartenait. Ils se montraient d'une cruauté si habituelle qu'elle ne soulevait plus aucune indignation. Etaient-ils heureux eux-mêmes? Non point. Au sein de leur faste ces despotes connaissaient l'angoisse. La conspiration les entourait de ses réseaux. Perpétuellement menacés, leurs proches eux-mêmes leur étaient suspects, d'où la cruauté avec laquelle ils agissaient au moindre soupçon. Mais, malgré l'éveil de leur défiance, l'empoisonnement ou le meurtre terminaient souvent leur vie.

Les brahmanes jouissaient de quelque sécurité, la supériorité de leur caste était incontestée. La qualité de sages, de prêtres, de poètes, d'érudits et de lettrés leur valait le respect des rois et de la multitude. L'art de prédire l'avenir augmentait le prestige de certains d'entre eux.

Cependant, ils étaient soumis à de dures mortifications ; ils s'interdisaient toute joie, tout plaisir mondain. Ils passaient la plus grande partie de leur vie dans l'étude des Saintes Ecritures et ils pratiquaient les austérités les plus rigoureuses.

Ils vivaient de dons, le culte et les temples étant entretenus par les fidèles.

A la fin de leur vie, les ascètes brahmanes se retiraient au fond des forêts, où ils terminaient leurs jours misérablement, en recherchant tout ce qui était pénible, rebutant et de nature à mortifier le corps.

Les Kchattryas formaient la caste des guerriers et des rois. Le Bouddha était issu d'une famille de Kchattryas et en avait reçu l'éducation. Ils étaient tenus à certaines obligations imposées à leur caste : règles d'honneur, de bravoure, auxquelles ils ne pouvaient pas se soustraire sans déchoir. Ils jouissaient du butin conquis à la guerre, sauf de la part réservée au roi et aux soldats.

Au-dessous des brahmanes et des Kchattryas, étaient les Vaisyas et les Soudras.

Les Vaisyas formaient la caste des agriculteurs et des commerçants.

Les Soudras étaient les serviteurs, on peut dire les esclaves, car ils servaient les brahmanes sans recevoir aucun salaire. Il ne leur était fourni que le gîte, un vêtement et une nourriture de rebut.

L'obligation pour chacun de se marier dans sa caste, et l'hérédité des professions assuraient la permanence de cet état social.

Tout à fait à l'écart des autres hommes, vivaient les Tchandalas. On peut dire qu'ils étaient condamnés à des souffrances qui ne finissaient qu'avec eux. La servitude en avait fait plutôt des animaux domestiques que des hommes. Les travaux les plus pénibles et les plus bas leur revenaient.

Ils n'avaient pas la capacité civile pour posséder quoi que ce soit. Défense d'habiter dans le voisinage des villages ou des demeures des autres hommes. L'eau elle-même n'était pas à leur disposition.

« Il ne pouvaient en jouir comme les autres hommes, il leur était interdit de prendre l'eau des sources et des étangs, ils pouvaient la puiser aux abords des marécages seulement. L'eau qu'ils touchaient était immédiatement considérée comme impure.

« L'eau croupie qui leur était concédée ne devait servir qu'à la boisson.

« Défense leur était faite de laver leur linge ou de faire des ablutions aux fontaines (1). »

On n'arrive pas à comprendre que des prescriptions si contraires à l'humanité aient pu être

(1) **E. Lamairesse.** ***L'Inde avant le Bouddha.***

édictées contre les infortunés Tchandalas, quand on considère les soins que les brahmanes prenaient de leur propre corps.

La basse population était donc décimée par la maladie, les épidémies et la famine. Les castes élevées ne s'en préoccupaient guère et la facilité avec laquelle les Tchandalas se reproduisaient comblait les vides.

Pour comble de cruauté, il ne leur était même pas permis d'honorer leurs morts, ni de célébrer aucune cérémonie funèbre quand ils perdaient leurs parents.

Une seule chose leur était accordée : c'était de faire l'abandon de leur vie pour le salut d'un brahmane, d'une femme, d'un enfant, d'une vache. Alors seulement ils pouvaient espérer obtenir le ciel après leur mort. Personne ne voulait pénétrer dans leurs demeures, ni employer des vases dont ils s'étaient servis sous peine de souillure.

Les Tchandalas avaient une telle conscience de leur bassesse qu'ils vivaient au jour le jour, bestialement, sans réflexion ni prévision, adonnés à l'ivrognerie, à la plus grossière sensualité et à tous les vices.

LA MORALE DU BOUDDHA

CHAPITRE III

La Morale du Bouddha

> Comme l'abeille n'endommage des fleurs ni la couleur ni le parfum, mais en boit le suc et s'envole, qu'ainsi le sage chemine à travers le monde.
>
> Dhammapada.

C'est par l'etude de la morale que nous entrerons véritablement en contact avec la philosophie du Bouddha : le Maître fut surtout, en effet, un moraliste.

Il s'est peu soucié de révéler à l'homme le mystère dont sa fin et son origine sont enveloppées.

Pénétré de l'idée de la souffrance universelle, rempli de compassion à la vue des misères de ce monde, il n'a cherché qu'à délivrer l'homme de ses peines.

« De même que la grande mer, ô disciples, n'est pénétrée que d'une seule saveur, la saveur du sel, de même aussi, ô disciples, cette doctrine et cet ordre ne sont pénétrés que d'une seule saveur, celle de la délivrance. »

Le Bouddha se proposera donc d'instruire l'homme sur la cause de ses douleurs et sur la voie à suivre pour s'en délivrer.

Le Bouddha, écrit Oldenberg, demeure étranger à tout intérêt métaphysique qui n'a pas sa racine dans un intérêt moral. Aussi ne chercherons-nous pas dans sa philosophie ce que nous ne saurions y trouver, mais en revanche quel guide il devient pour ceux qui demandent une direction, quel refuge sûr pour ceux qui s'adressent à sa sagesse.

Nous verrons que la doctrine du Parfait, tout au moins dans ses grandes lignes, a très peu vieilli, de sorte que nous pouvons encore écouter avec fruit la parole du Maître, comme le faisaient ses disciples, voici des siècles et des siècles. L'imperfection seule de notre nature s'oppose à ce que nous puissions suivre rigoureusement ses préceptes :

Video meliora proboque, deteriora sequor

La fameuse constatation d'Ovide, hélas, s'applique ici, tout au moins devons-nous considérer les règles du Bouddha comme un idéal.

Mais, à côté de la philosophie, il n'est pas inutile d'insister sur la personnalité du Maître.

Le prestige et l'autorité de sa personne ne furent pas entièrement étrangers au succès prodigieux de son enseignement.

On a pu le comparer au Christ pour sa bonté et sa charité, mais sous bien des aspects, il demeure plus humain que lui.

Le Bouddha n'est pas le Messie, il n'a pas d'origine divine, il ne vient pas prendre pour son compte les péchés des hommes.

Il n'est qu'un homme ayant su acquérir la connaissance parfaite et qui enseigne à tous la vérité.

La beauté physique, jointe à la perfection morale et intellectuelle résidaient en lui. L'harmonie de ses traits, sa haute stature, sa force et son adresse étaient remarquables. Enfin, il possédait les fameux trente-deux signes caractéristiques du grand homme.

On ne saurait trop s'étendre sur sa vertu, sur sa bonté, sur la compassion infinie qu'il témoignait à tout être vivant.

Par amour des hommes, il a renoncé à la vie heureuse et facile qui s'offrait à lui ; il a sacrifié les joies de la famille, les honneurs, pour mener la vie errante et austère du moine mendiant.

Durant sa longue existence, qu'il consacra entièrement au service de ses semblables, il eut des ennemis, il fut critiqué, persécuté, mais il triompha toujours des envieux et, à la fin de ses jours, le nombre de ses disciples avait atteint un chiffre prodigieux.

Sa tolérance lui faisait admettre toutes les croyances. Il n'a jamais combattu les anciens dieux et il ne s'est attaqué qu'à la superstition. En fait, si nous voyons la doctrine conquérir si rapidement l'Inde, attribuons-le au respect que les bouddhistes ont toujours accordé aux croyances et aux traditions locales.

Au point de vue intellectuel, Il était l'être arrivé à la connaissance par l'intuition et la méditation Il était le Bouddha, c'est-à-dire « l'illuminé ».

Le charme de sa parole était si grand que, nouvel Orphée, il séduisait les auditoires les plus divers, il entraînait les grands, les philosophes comme les plus humbles.

Dans tout son enseignement, nous retrouvons, porté à un très haut degré, le sens de l'harmonie et de la mesure ; il s'est toujours montré l'adversaire de toute exagération.

Il avait en lui toutes les qualités humaines et si, plus tard, il a été honoré à l'égal d'un dieu, si on lui a élevé des temples et des statues, c'est le pur effet d'une admiration justement idolâtre. En effet, lui-même ne s'est jamais montré sous un aspect divin ; au moment de mourir, il console ses disciples et leur rappelle qu'il est homme, et, donc, destiné à périr : « Comment se pourrait-il, ô Ananda, que ce qui est né, créé, fabriqué, sujet à l'instabilité, ne passe point, cela n'est pas possible. »

Il ne promet pas à ses disciples de revenir un

jour parmi eux, il les exhorte seulement à l'observance de ses règles.

« La doctrine que je vous ai annoncée et les préceptes d'une vie pure, voilà quels seront vos guides quand je n'y serai plus (1). »

On sait que sa doctrine et voilà, répétons-le, son originalité véritable, s'adressait à tous ; peu de dogmes et peu d'exposés didactiques. il parlait d'inspiration, selon les circonstances et l'auditoire.

Il possédait certainement, sur un grand nombre de questions, une connaissance plus approfondie qu'il ne jugeait à propos de le divulguer.

Un extrait du « Samyutta Nikaya » nous confirme dans cette opinion :

« Un jour, le Bhagavat séjournait à Kôsambo, dans un bois de sinsapas, et le Bhagavat prit dans sa main quelques feuilles de sinsapas et dit aux disciples :

« — Lesquelles, pensez-vous, sont les plus nombreuses, ces quelques feuilles de sinsapas que j'ai prises en ma main, ou les autres feuilles au-dessus de nous dans le bois de sinsapas ?

« — Ces quelques feuilles, ô Maître, que le Baghavat a prises en sa main sont peu nombreuses et beaucoup plus grand est le nombre

(1) G. de Lafont. *Le Bouddhisme.*

de celles qui sont au-dessus de nous dans le bois de sinsapas.

« — De même, ô disciples, les choses que j'ai découvertes et ne vous ai pas annoncées sont-elles plus nombreuses que celles que je vous ai annoncées et pourquoi, ô disciples, ne vous les ai-je pas annoncées? Parce que ces choses ne vous apportent aucun profit, ne vous conduisent pas à l'éloignement des choses terrestres, à l'extinction de tout désir, à la cessation du périssable, à la paix, à la science, à la connaissance, au Nirvana. Que vous ai-je donc annoncé, ô disciples, ce qu'est la Douleur, ce qu'est la délivrance de la Douleur, ce qu'est le chemin qui conduit à la délivrance de la Douleur. Voilà, ô disciples, ce que je vous ai annoncé (1). »

La morale du Bouddha se présentera donc à nous sous un aspect utilitaire.

S'il fallait en dégager les idées maîtresses, on pourrait dire qu'elles se résument à deux principales : l'extinction de la Douleur, et la suppression de l'ignorance dans le monde. La plupart de ses discours reviennent sans cesse à ces deux objets.

En étudiant d'un peu plus près la morale, nous en trouverons certainement d'autres, mais que ce soit dans les Soutra Pitaka, dans les fables ou

(1) Oldenberg. *Le Bouddha, sa vie, sa doctrine.*

les paraboles, nous verrons que tous les préceptes, toutes les règles tendent à affranchir l'esprit des illusions causées par l'ignorance et qui sont à l'origine de nos peines.

Le Bouddha est pénétré de l'idée de la souffrance universelle, il l'éprouve avec une sensibilité raffinée et une compréhension complète.

Ce principe de la Douleur dans l'Univers, établi comme base de la doctrine, a plus d'une fois servi à accuser de pessimisme toute la morale bouddhiste et à la représenter comme une doctrine triste, qui a volontairement ignoré les joies de la vie, le bonheur de l'amour, les joies de l'enfance, qui n'a vu que l'aspect le plus décevant des choses et qui aboutit finalement au néant.

Accuser de pessimisme tout l'enseignement du Bouddha ! Mais quel esprit clairvoyant ira soutenir que la réalité terrestre se présente sous un aspect bien avantageux?

Jetons un regard animé de sensibilité autour de nous, la doctrine du Maître ne nous paraîtra plus excessive.

Dans toute vie humaine, ne voyons-nous pas la maladie, la vieillesse et la mort?

Le vice et la misère saturent le monde et les souffrances morales ne sont pas absentes, par le fait, parfois, qu'elles sont cachées.

A peine si l'enfance échappe un moment à la loi universelle. Seules, la nature insouciante de l'homme, sa frivolité, la rapidité avec laquelle il oublie ses chagrins, peuvent alléger le poids de ses peines. Il est heureux qu'il en soit ainsi, nulle faculté ne nous est plus précieuse que l'oubli.

Regardons, réfléchissons, souvenons-nous et nous ne conviendrons pas que le Bouddha ait foncé la couleur du pessimisme.

La vérité, c'est que le Parfait avait tout vu, non certes, en spectateur impassible, mais avec des yeux débordant de tendresse pour toute la souffrance humaine.

Nous trouverons, dans le sermon de Bénarès, l'exposé le plus complet des quatre grandes Vérités sur la Douleur.

Il prononça ce discours célèbre dans le parc des gazelles à ses débuts de prédicateur, peu de temps après son illumination :

« Voici, ô Moines, la vérité sainte sur la Douleur, la naissance est douleur, la maladie est douleur, l'union avec ce que l'on n'aime pas est douleur, la séparation avec ce que l'on aime est douleur. »

Le premier principe est donc la constatation de la douleur dans le monde : souffrance de la naissance, souffrance de la maladie, souffrance de l'union avec les indifférents ou avec ceux que nous ne pouvons aimer, souffrance de la mort ou de l'éloignement des êtres qui nous sont chers.

Il n'avait pas seulement en vue la Douleur dans la vie présente. Il pensait à toutes les peines subies durant la série interminable des existences passées, et aussi à toutes celles que les vies futures tiennent en réserve.

« Que pensez-vous, ô disciples, qui soit plus, l'eau qui est dans les quatre grands océans, ou les larmes qui ont coulé et que vous avez versées, tandis qu'en ce long voyage vous erriez à l'aventure, de migration en migration, et que vous gémissiez et que vous pleuriez parce que vous aviez en partage ce que vous haïssiez et que vous n'aviez pas en partage ce que vous aimiez. La mort d'une mère, la mort d'un père, la mort d'un frère, la mort d'une sœur, la mort d'un fils, la mort d'une fille, la perte des parents, la perte des biens, tout cela à travers de longs âges, vous l'avez éprouvé. Et, pendant qu'à travers de longs âges, vous subissiez ces épreuves, il est coulé, il a été versé par vous plus de larmes, tandis qu'en ce long voyage vous erriez à l'aventure, de migration en migration, et que vous gémissiez et que vous pleuriez parce que vous aviez en partage ce que vous haïssiez et que vous n'aviez pas en partage ce que vous aimiez, plus de larmes qu'il n'y a d'eau dans les quatre grands océans (1). »

Est vain tout effort pour échapper à la loi commune ; l'homme plein de désirs qui s'épuise à rechercher les honneurs, la fortune et tous les

(1) Cité par Oldenberg (Samyuttaka-Nikaya).

biens de ce monde n'éprouve plus de joie quand il les a obtenus. Il trouve généralement qu'ils viennent trop tard, quand il est vieux et n'a ni le goût ni le temps d'en jouir. Ou encore il désire des jouissances plus grandes et, de nouveau, le voilà dans l'engrenage des tourments.

Toute joie est éphémère, tout bonheur s'accompagne de chagrin ; l'homme doit chercher à s'affranchir des désirs s'il aspire à la délivrance.

Nous lisons, dans les stances du Dhammapada (1), cet admirable recueil de pensées qui résume la doctrine :

« L'homme moissonne des fleurs ; au plaisir sont suspendues toutes ses pensées. Comme sur un village, des torrents dans la nuit, la mort vient sur lui et l'emporte.

« L'homme moissonne des fleurs ; au plaisir sont suspendues toutes ses pensées. L'homme aux désirs insatiables, l'Anéantisseur le tient en son pouvoir.

« Ni dans le royaume des airs, ni dans le milieu de la mer, ni si tu pénètres dans les crevasses des montagnes, tu ne trouves sur la terre de place où le pouvoir de Mâra ne t'atteigne pas.

« De la joie naît la douleur, de la joie naît la crainte. Celui qui est affranchi de la joie, pour

(1) Traduction de Max Muller.

celui-là il n'y a pas de douleur : d'où lui viendrait de la crainte?

« De l'amour naît la douleur, de l'amour naît la crainte. Celui qui est affranchi de l'amour, pour celui-là il n'y a pas de douleur : d'où lui viendrait de la crainte?

« Celui qui abaisse les yeux sur le monde comme s'il voyait une bulle d'écume, comme s'il voyait un rêve, celui-là échappe aux yeux de la souveraine mort. »

Le Bouddha n'a pas fait la distinction entre la douleur morale et la douleur physique ; il avait vu cette dernière partout autour de lui ; la misère, la famine, la maladie s'abattaient cruellement sur le peuple hindou. Il savait que ces maux éprouvent l'homme autant que les peines morales ; pour lui, la Douleur était une et elle régnait partout, aussi bien parmi les hommes que chez les animaux, où le plus fort massacre impitoyablement le plus faible.

Après cette constatation, le Maître recherche l'origine de la Douleur :

« Voici, ô Moines, la vérité sainte sur l'origine de la Douleur. C'est la soif de l'existence qui conduit de renaissance en renaissance, accompagnée du Plaisir et de la Convoitise. »

Cette origine de la Douleur, avec toutes ses conséquences, reste la notion la plus aride et la plus difficile à comprendre dans la doctrine bouddhiste.

En effet l'instinct de la vie est le sentiment le plus tenace au cœur de l'homme, accompagné du désir non moins aigu de la conservation de sa personnalité.

Les êtres les plus simples conçoivent le paradis comme un lieu où ils conserveront leur individualité et jusqu'à leur enveloppe physique, rajeunie et embellie. Tous, à un degré quelconque, nous répugnons à l'idée de la disparition définitive de notre moi, de cette « guenille » en dehors de laquelle il nous est impossible de nous placer, que nous la méprisions, comme Socrate, ou que nous la chérissions comme Chrysale.

Or, les désirs, les convoitises nous entraînent sans cesse vers de nouveaux développements de notre personne.

Et pourquoi cette soif d'exister, cet amour d'être?

C'est que nous sommes aveugles, que nous prenons pour réalité ce qui n'est qu'illusion des sens. Or, a dit le Bouddha, seul « celui qui discerne la vérité comme étant la vérité, et l'illusion comme étant l'illusion, atteint la vérité et marche dans le droit chemin ».

Mais pour entrer dans le sentier de la vérité, pour avoir une juste connaissance, l'effort le plus vigoureux, le travail le plus opiniâtre s'imposent.

La lutte contre l'ignorance devient la première des obligations du disciple.

La morale bouddhiste s'adresse plus encore à la raison qu'au sentiment.

Elle ne vise pas seulement une connaissance superficielle, mais une profonde compréhension de la vie et de l'Univers.

« Le sage ne doit pas s'arrêter après un premier pas, mais marcher sans cesse de l'avant vers une connaissance plus complète. »

Cet effort, personne ne le fera pour nous. Nul ne peut s'instruire à notre place, point de sauveur qui prenne la responsabilité de nos errements.

« C'est vous-même qui devez faire l'effort, les Tathagâtas ne peuvent qu'enseigner. »

Le Bouddha indique donc seulement la voie à suivre.

La première des illusions que le disciple éclairé verra s'évanouir en lui sera précisément cette notion de la personnalité, car c'est de l'ignorance que dépendent les « sankaras », ou formations, ou volitions.

Des formations dépend la connaissance, de la connaissance dépendent les noms et corps (nama rupa).

Des noms et corps dépendent les six domaines, les cinq sens et l'esprit, et leur champ respectif d'investigation.

Des six domaines dépend le contact.

Du contact dépend la sensation.

De la sensation dépend la soif, le désir.

Du désir dépend l'attachement à l'existence (oupadana).

De l'existence dépend la naissance.

De la naissance dépendent vieillesse et mort, souffrance, plainte, douleur et désespoir (1).

La destruction de la souffrance, ou troisième grande vérité enseignée par le Bouddha, sera le résultat du renoncement, du détachement vis-à-vis de ce qui nous entoure, de tout ce qui est périssable, ou l'extinction du Désir.

Ici, c'est la méthode à suivre qui va être indiquée et qui forme la vérité quatrième :

« La voie à suivre est ce chemin sacré à huit branches qui s'appelle foi pure, volonté pure, langage pur, action pure, mémoire pure, méditation pure. C'est là, ô Moines, le chemin du Milieu que le Parfait a découvert, qui dessille les yeux et l'esprit, qui mène au repos, à la science, à l'illumination, au Nirvana (2). »

Ce sentier du Milieu est aussi éloigné des plaisirs et des jouissances sensuelles que des privations exagérées. Les quatre vérités sublimes, ainsi que les huit branches s'y rattachant, formaient ce qu'on a appelé la roue de la Loi. Quand le Bouddha ou ses disciples les enseignaient, on disait qu'ils avaient fait tourner la roue de la Loi.

(1) Traduction de A. David. *Le Modernisme bouddhiste.*
(2) G. de Lafont. *Le Bouddhisme.*

Le Bouddha avait fait l'épreuve de la vie ascétique, il n'en avait tiré aucun profit, et l'avait volontairement abandonnée ; aussi ne la donne-t-il pas comme exemple à suivre. Bien au contraire, il met en garde contre les jeûnes, les mortifications et autres souffrances physiques inutiles au développement intellectuel ou moral. Ce n'est pas par l'ascétisme qu'on arrive à la sainteté.

L'harmonie, l'équilibre parfait entre les différentes facultés est un des traits caractéristiques de l'enseignement du Maître.

Cette sage disposition, qui nous rappelle la vieille formule latine : *in medio stat virtus*, est bien faite pour attirer à elle tous les esprits portés vers la mesure et l'harmonie. Elle avait, à l'époque du Bouddha, un mérite d'autant plus grand que la plupart des philosophes se livraient à un ascétisme exagérément rigoureux.

« La vie religieuse, disait le Maître, est comparable à un luth : pour avoir la note juste, il faut que les cordes ne soient ni trop lâches, ni trop tendues. »

Et encore, dans le même ordre d'idées :

« Réalise en toi l'équilibre de tes forces et tends sans relâche à l'équilibre de tes facultés spirituelles, et propose-toi cela comme but. »

A ce sentiment de la mesure Il a jouteune grande tolérance, aussi bien vis-à-vis des disciples qu'à l'égard des règles à appliquer aux religieux.

Un récit nous montre le disciple Devadatta exhortant le Bouddha à se montrer plus rigoureux dans la discipline à appliquer aux moines. Le Maître repousse sa requête : « Que chacun fasse comme il juge bon : laissez habiter dans les bois ceux qui le désirent et laissez demeurer près des villages ceux qui le souhaitent ; laissez mendier ceux qui le désirent et laissez s'asseoir à une table ceux qui le jugent convenable ; laissez ceux qui désirent se vêtir de guenilles et laissez porter les vêtements habituels à ceux qui le préfèrent. »

Les gestes humains n'avaient pas pour lui une importance capitale. Il les contemplait avec la sérénité du sage et la tolérance de l'esprit éclairé qui juge la valeur de l'homme non par ses actes extérieurr, mais seulement par la pensée qui les inspire.

Ainsi disent les Ecritures : « Ni l'abstinence de la viande ou du poisson, ni la nudité, ni la tête rasée, ni la mortification du corps ni les vêtements de couleur spéciale, ni l'adoration d'un dieu ne peuvent purifier un homme qui n'est pas affranchi de l'illusion. »

Du reste, et la chose vaut d'être soulignée, le Boudda ne fait pas au disciple un grief diadorer un dieu quelconque. Le disciple peut implorer telle divinité qu'il juge bon. Ce qui importe, c'est qu'il s'affranchisse de l'illusion, qu'il combatte en lui l'ignorance qui lui fait prendre pour réalité ce qui n'est qu'une erreur des sens.

L'existence mondaine du disciple, le luxe dont il peut être entouré, le Maître s'en inquiète peu.

« L'homme qui vit dans les forêts solitaires et convoite les vanités du monde est un mondain, tandis que l'homme en habits mondains peut faire planer son cœur dans les hauteurs des pensées célestes, »

Les ennemis du Bouddha l'ont blâmé de sa tolérance sur ce point. On lui a reproché de s'être laissé aller à une vie trop douce, trop facile. Mais les œuvres de cette vie si longue, si fertile dans le bien repoussent loin une pareille accusation,

Le chemin sacré à huit branches, ou « Voie du Salut », n'est pas toujours aisé à découvrir ; c'est, qu'en effet, chacun doit le tracer pour lui-même. Le Maître n'ignorait pas toutes les difficultés qui se présenteraient devant le disciple. Il l'exhorte à persévérer.

« De même, ô religieux, le Tathâgta est votre guide et celui de tous les êtres. Il réfléchit ainsi : Il faut ouvrir un chemin à travers cette grande forêt des douleurs, il faut en sortir, il faut l'abandonner. Puissent les êtres. après avoir entendu cette science du Bouddha, ne pas retourner bien vite sur leurs pas. Puissent-ils ne pas arriver à se dire : Cette science du

Bouddha qu'il faut apprendre est pleine de difficultés (1). »

Le Bouddha a tenu à signifier qu'il n'est qu'un guide. Nous avons en lui, non un dieu puissant, mais seulement un homme qui, par sa seule volonté, s'est affranchi. Il est incapable de nous relever de nos fautes, ni de les prendre pour lui, il ne peut pas supprimer les obstacles et les embûches personnels à la route de chacun.

Jusque dans ses dernières paroles aux disciples rassemblés autour de lui, il insistera sur la nécessité de l'œuvre individuelle :

« Soyez à vous même votre propre flambeau et votre propre refuge. Ne vous confiez à aucun autre refuge en dehors de vous, attachez-vous fortement à la vérité, qu'elle soit votre flambeau et votre refuge.

« Ceux-là, ô Ananda, qui, dès ce jour ou après ma mort, seront leur refuge, qui ne se confieront à aucun refuge exterieur, qui, attachés à la vérité, la tiendront pour leur flambeau, ceux-là seront les premiers parmi mes disciples, ils atteindront le but suprême.

« Celui qui, par le sentier qu'il a tracé lui-même, a dissipé ses doutes, celui-là est un religieux. »

(1) *Le Lotus de la Bonne Loi* (traduction de Burnouf).

Cependant, il faut que l'esprit soit préparé pour être prêt à recevoir la vérité. De même que seul l'artiste distingue les nuances et voit la beauté d'un paysage, parce qu'il a appris à contempler la nature, celui qui veut dissiper en lui l'illusion et connaître la réalité devra exercer son esprit à se fixer sur certaines pensées. Il lui faudra d'abord cultiver une bienveillance complète envers tous les êtres. Bienveillance et non pas indifférence ; une bienveillance active et qui doit s'étendre même à nos ennemis.

Le dégoût du corps et de toute chose matérielle sont encore indispensables. Le désir du luxe, des parures, des aliments délicats nous éloignent de la vérité.

Nous retrouvons ces mêmes idées nettement formulées dans Platon (1) :

« Tant que nous aurons notre corps et que notre âme se trouvera plongée dans cette corruption, jamais nous ne posséderons l'objet de nos désirs, c'est-à-dire la vérité. Le corps nous remplit d'amour, de désir, de crainte, de mille chimères et de mille sottises, de manière qu'avec lui il est impossible, comme on dit, d'être sage un instant. »

Ainsi, aucun doute, si nous voulons connaître la vérité, il faut nous séparer du corps et contem-

(1) Phedon. *L'Ame.*

pler avec l'âme les choses en elles-mêmes ; c'est alors seulement que nous jouirons de la sagesse.

Après avoir dominé le corps, il reste encore à acquérir la connaissance par l'observation attentive des objets, par la concentration de l'esprit sur le monde environnant.

Enfin, le sage ayant acquis la connaissance et s'étant séparé du corps autant que la nature lui permet, arrive à contempler la vérité. Il ne ressent plus ni peine, ni joie, ni amour, mais une sérénité complète.

La pratique de la méditation, nous le verrons, était un des moyens pour atteindre cet état.

A la méthode, et comme complément, s'ajoute une série de règles qu'il est indispensable de connaître et qui sont généralement désignés sous le titre des Dix Préceptes : cinq s'appliquent à tous les fidèles, cinq autres sont spécialement réservés aux moines.

En dehors des Dix Préceptes, il existe un nombre considérable de prescriptions qui s'adressent surtout aux communautés de religieux et de religieuses et dont l'intérêt a considérablement diminué de nos jours ; nous ne nous y arrêterons pas, les limites de cet ouvrage nous interdisant une telle étude.

Les cinq Préceptes réservés aux fidèles sont :

1° Ne pas tuer ;

2° Ne pas voler ;

3° Ne pas commettre d'adultère ;
4° Ne pas mentir ;
5° Ne pas s'enivrer.

La première de ces règles est généralement observée avec fidélité par les bouddhistes.

On sait que les Moines filtraient soigneusement l'eau qu'ils buvaient dans la crainte d'absorber quelque germe de vie. L'animal, sous sa forme la plus infime, devait être respecté.

« Nourrissez dans votre cœur, lisons-nous dans les Ecritures, une bienveillance sans limite pour tout ce qui vit. »

Les bouddhistes s'interdisent généralement la viande comme nourriture. Le Maître, toujours tolérant, n'a pas établi de règle absolue à ce sujet ; lui-même ne s'est pas abstenu de viande.

« Ce n'est pas manger de la viande qui rend impur, c'est être dur, médisant, déloyal, sans compassion, hautain, avare, ne faisant part de son bien à personne. »

La vie humaine étant sacrée, nous ne nous étonnerons pas de voir le Tathâgata opposé à toute lutte et à toute violence.

Cependant, il paraît intéressant de connaître sa pensée à ce sujet.

Nous lisons dans l'*Evangile du Bouddha*, de P. Carus, qu'un soldat demanda un jour au Maître s'il était bien de faire la guerre. Le Tathâgata répondit que toute guerre dans laquelle un homme essaie de tuer son semblable est lamentable, mais que ceux qui font la guerre pour une cause juste, après avoir essayé tous les moyens de conserver la paix, ne sauraient être blâmés.

« Celui-là doit être blâmé qui est cause de la guerre. »

Le Bouddha a dit encore : « Celui qui va à la guerre, fut-ce même pour une cause juste, doit s'attendre à être tué par ses ennemis, car c'est la destinée des guerriers. Si le destin lui est fatal, il n'a point raison de se plaindre. »

Examinons maintenant quels sont les devoirs du vainqueur :

« Celui qui est victorieux doit se souvenir de l'instabilité des choses terrestres ; son succès peut être grand, mais, si grand soit-il, la roue de la Destinée peut tourner et le renverser dans la poussière.

« Cependant, s'il se modère, s'il apaise toute haine dans son cœur, s'il relève son ennemi abattu et lui dit : « Venez, maintenant, faisons la paix et « soyons frères », il remporte une victoire qui n'est point un succès passager, car ses fruits dureront éternellement. »

Nous voyons donc établie la distinction entre les guerres qui ont une cause juste, telle que l'invasion, l'atteinte à l'honneur, et qui résultent du droit qu'a un peuple de se défendre, et les guerres à cause injustifiable, telle que la conquête et la domination.

Cependant, dans cet ordre d'idées, et à un point de vue plus élevé, ayons toujours présente à la mémoire l'admirable règle bouddhiste :

« La haine n'est jamais apaisée par la haine, la haine est détruite par l'amour (1). »

Le Bouddha admet également le droit de punir. Il est écrit que le magistrat a le droit de punir, à condition qu'il ne laisse pas la haine prendre place dans son cœur.

Quant au meurtrier mis à mort, qu'il considère que le supplice est le fruit de son propre acte. S'il comprend que le châtiment purifiera son âme, il ne se lamentera plus sur son sort, mais il s'en réjouira.

On sera peut-être surpris de voir la mort figurer au nombre des peines, il convient de se rappeler qu'il s'agit ici de l'Orient, où les supplices sont plus cruels et la sensibilité moins aiguë qu'en Occident.

Il demeure en fait que le bouddhisme a toujours ignoré la violence ; si de profondes divergences ont pu se produire entre la pure doctrine du Parfait et celle pratiquée actuellement, s'il existe de nombreuses sectes, les fidèles, quelles

(1) G. de Lafont. *Le Bouddhisme.*

que soient leurs différences de convictions, vivent en paix, tout au moins sur le terrain religieux.

Le quatrième principe est relatif au mensonge. Le Bouddha a insisté sur les quatre péchés de la langue : mentir, calomnier, injurier, parler inutilement.

Le disciple devra non seulement s'abstenir de tout ce qui n'est pas conforme à la vérité, comme de toute flatterie, mais encore son langage sera modéré :

« Ne jurez point, mais parlez avec décence. »

La calomnie est aussi méprisable que le mensonge.

« N'inventez pas de mauvais rapports, ou ne les répétez. »

Enfin, le Bouddha met en garde ses disciples contre le bavardage futile et sans profit :

« Ne gaspillez pas le temps en mots vides, mais parlez à propos, ou gardez le silence (1). »

En lisant ces principes, on songe aux formules inscrites dans nos bureaux modernes, elles ne sont qu'une application des anciennes règles bouddhistes.

Le cinquième principe concerne l'ivresse. Toute liqueur enivrante et l'abus des boissons alcoolisées sont défendus. L'ivresse, qui affaiblit les facultés intellectuelles ne pouvait être que con-

(1) P. Carus. *Evangile du Bouddha.*

damnée dans une doctrine qui s'adresse surtout à l'intelligence. Cette interdiction était d'une utilité incontestable, en particulier dans un climat tel que l'Inde; elle est malheureusement d'une importance aussi grande chez les peuples occidentaux. Inutile d'insister sur les ravages qu'a causés l'alcoolisme en Europe.

Voilà donc les cinq règles auxquelles tous les fidèles étaient soumis. Pour les moines, il en existait d'autres plus sévères et, notamment l'obligation de chasteté absolue.

Le Bouddha n'a jamais préconisé, plus qu'il ne convenait, la vie religieuse, mais, à une certaine époque, elle exerça un tel attrait sur les esprits qu'on vit un grand nombre d'hommes en pleine jeunesse abandonner leur famille pour devenir moines. Les ennemis du Bouddha ne manquèrent pas de le lui reprocher.

Nous nous sommes étendus à dessein sur le sermon de Bénarés, à juste titre considéré comme un résumé de la Doctrine. La théorie de la Douleur y est exposée d'une manière plus précise que dans les autres prédications.

Cependant, nous retrouverons ce même thème : l'ignorance est la cause de la Douleur, développé dans un grand nombre d'autres sermons, sous des formes variées, car le Bouddha adaptait ses discours à son auditoire. « Je proportionne mon langage, disait-il, aux forces de chacun et je redresse une doctrine par une explication contraire. » Avec le *sermon sur la flamme,* ou sermon sur la montagne, nous avons encore un exposé des grandes vérités sur lesquelles le Maître aimait à revenir. Ces deux prédications forment un ensemble d'où se dégage d'une manière très nette la morale du Parfait. Elles suffiraient à elles seules à nous faire connaître la pensée bouddhiste.

Le Bouddha séjournait alors dans un village, au bord de la rivière Gaia ; non loin, se trouvait une montagne peu élevée, sur le sommet de laquelle une roche plate était étalée. Il avait alors un grand nombre de disciples ; plus de mille, dit-on, gravirent la montagne, conduits par le Maître. Prenant place sur le rocher, il parla ainsi : « Bien-aimés Bickous, tout ce que l'on peut rencontrer dans les trois demeures des hommes est comme une flamme. Pourquoi ? Parce que les yeux sont une flamme brûlante, les objets sont comme une flamme. Les sensations visuelles produisent une succession de plaisir et de peine, mais le plaisir et la peine sont une flamme. Quelles sont les causes qui produisent cette brûlure ? C'est le feu de la colère, de l'ignorance, de la naissance, de la vieillesse, de la mort. »

Le toucher est une flamme, le sens de l'odorat est une flamme brûlante ; les odeurs, la perception des odeurs, les sensations produites par les odeurs sont une flamme.

Le goût est une flamme, les objets goûtés sont en flamme. L'ouïe est une flamme, les sensations que produisent les sons sont en flamme.

Le cœur est une flamme brûlante ainsi que les objets perçus par lui. (D'après la Doctrine, le cœur figurait parmi les organes des sens.)

La naissance, la vieillesse, la mort, les peines de toutes sortes voilà autant de foyers générateurs de flammes.

C'est encore à l'ignorance que le Bouddha attribue la responsabilité des maux dont les hommes souffrent. L'homme arrive à la vertu par la connaissance seule, et non par les mortifications.

La connaissance, s'acquiert particulièrement, par la pratique de la méditation.

Dans un sermon prononcé à Radjagriha, le Bouddha invite ses disciples à se détacher des choses périssables. L'envie, la sensualité, qui nous ont accompagnés dans le cours de nos vies successives, sont les causes de la misère et de la vanité dans le monde. Seules, la sagesse et la bonté procurent le calme de l'esprit et la paix parfaite du cœur.

C'est encore la Délivrance que se propose le « Soutta des Signes distinctifs du non moi. »

Le Maître y développe cette idée : ni le corps, ni les sensations ne constituent le moi. Lorsque le sage acquiert cette notion, il se détourne de la sensation, de la représentation, et s'affranchit du désir ; ainsi il atteint la Délivrance.

Nous avons vu que le Bouddha avait respecté les institutions de son époque ; il se contenta d'y apporter les éléments de moralité et de bonté qui en étaient trop souvent exclus.

Il a parlé des devoirs que créent les liens de famille, des obligations de l'amitié, des devoirs entre maîtres et serviteurs. Il nous a donné ainsi un aperçu des mœurs de cette époque lointaine qui n'est pas sans offrir un certain intérêt historique.

Le Code de Manou avait déjà traité des Devoirs réciproques aux époux. Il avait porté un adoucissement au sort des femmes. Le Bouddha y ajoute un accent de douceur et de bonté.

Il est écrit que « le mari doit traiter sa femme avec une attention respectueuse, lui parler avec courtoisie et affection, n'avoir aucun rapport illicite avec d'autres femmes, la faire honorer par les autres. »

La femme doit témoigner de l'affection à son mari, subvenir à ses besoins personnels, diriger son ménage, lui garder une fidélité inviolable, veiller sur son bien en son absence, avoir de la diligence et de l'activité dans tout ce qu'elle fait.

Quant à la mère, on sait qu'elle est généralement, en Orient, l'objet d'un culte fervent.

Les parents ont des devoirs envers leurs enfants.

« Ils font, ô religieux, une chose bien difficile pour leur enfant, le père et la mère qui le nourissent, qui l'élèvent, qui le font grandir, qui lui donnent à boire leur lait (1). »

Les enfants, à leur tour, doivent entretenir leurs parents dans la vieillesse, veiller sur leurs biens, les amener à la perfection de la foi s'ils ne la possèdent point, à la perfection de la morale s'ils ont de mauvaises mœurs, à la perfection de la science s'ils sont ignorants.

L'enfant a également des devoirs envers celui qui l'instruit : il doit se lever en sa présence, l'écouter avec respect.

L'instructeur doit former l'élève à la vertu, lui apprendre les sciences et la sagesse.

Il s'est attaché à définir les relations entre maître et serviteur.

Le maître ne doit pas donner à ses serviteurs une besogne dépassant leurs forces, il doit pourvoir à leurs besoins et leur assurer une part de son bien-être.

Les serviteurs se lèveront de bonne heure, veilleront sur les biens de leur maître, ils seront respectueux et rempliront gaiement leur tâche.

On a souvent reproché à la doctrine bouddhiste

(1) Barthélemy Saint-Hilaire. *La Morale du Bouddhisme*.

une tendance à détacher l'homme des biens de ce monde, y compris l'amour et l'amitié. En ce qui a trait à l'amitié, elle offre maints passages dignes des plus beaux endroits de Cicéron ou de Montaigne :

« Le vrai ami est l'ami vigilant, celui dont les sentiments envers vous demeurent les mêmes dans la prospérité et dans l'adversité, celui qui vous donne de bons conseils, celui qui vous entoure de sa sympathie.

« Ayez des hommes vertueux pour amis. Prenez les meilleurs des hommes pour amis.

« L'amitié du sage est la chose la plus précieuse. L'homme sage vous guidera dans la bonne voie.

« On doit suivre le sage, l'homme intelligent, l'homme instruit, on doit suivre le sage comme la lune suit le sentier des étoiles (1). »

L'ami véritable n'est pas celui qui vous loue sans discernement, mais, au contraire, il combat vos vices, il vous encourage à la vertu, il vous instruit, il vous indique la voie conduisant aux mondes supérieurs.

Celui qui vous aime compatit à vos peines, se réjouit de votre bonheur, intervient pour arrêter ceux qui disent du mal de vous et applaudit à ceux qui disent du bien de vous.

Discernant les vrais amis, l'ami vigilant, l'ami

(1) Max Muller. *Sacred books of the East.*

fidèle, le bon conseiller est celui qui nous entoure de sa sympathie, le sage s'attache à lui comme la mère s'attache à son fils.

Toutefois, l'homme ne s'attachera pas à ses semblables pour le seul plaisir d'avoir des êtres qui s'agitent autour de lui. La solitude est préférable à la société turbulente et frivole, l'homme sensé ne doit pas la redouter.

Il est écrit, en effet, qu'il vaut mieux vivre seul qu'avec un insensé ; « que l'homme vive seul, sans faire le mal, avec peu de désirs, comme un éléphant dans la forêt (1) ».

Peu importe encore si vos amis ne sont pas nombreux ; ce qu'il faut, c'est les choisir avec discernement.

« N'ayez pas pour amis des gens qui se plaisent dans le mal, n'ayez pas pour amis des gens vulgaires. »

Sages paroles qui montrent également que le Bouddha n'a jamais cherché à isoler l'homme ; lui-même, si éloigné qu'il fut des passions humaines, il avait voué à Ananda, son disciple bien-aimé, une tendresse qui a duré toute sa vie. Il n'a préconisé la solitude de la vie religieuse que pour ceux-là seuls anxieux d'abréger la longue suite des existences. Il savait bien que, pour la

(1) **Max Muller.** ***Sacred books of the East.***

grande masse des êtres humains, la série des renaissances était bien loin d'être épuisée. Pour elle, il fallait encore les joies et les douleurs de la famille, de l'amitié et de l'amour, avec toutes leurs impuretés. Comment une doctrine aussi pleine de compassion et de bienveillance aurait-elle pu bannir les affections du cœur?

A l'égard des étrangers, il y a des devoirs d'hospitalité qu'il ne faut pas méconnaître. L'Oriental, par sa nature, est généralement enclin à l'hospitalité ; fût-il un ennemi, l'homme qui a franchi le seuil de sa porte a droit à tous ses égards. Il faut offrir sa maison à l'étranger, veiller à tous ses besoins, lui céder ce qu'on a de meilleur.

Nous n'insisterons pas sur les devoirs envers soi-même qui découlent des règles mêmes de la morale. Combattre en soi l'ignorance, pratiquer la bienveillance à l'égard d'autrui, sont en effet autant de devoirs envers nous-même. C'est l'œuvre de chaque jour ; il est dit : « Pas à pas, pièce à pièce, heure par heure, celui qui est sage doit épurer son moi de toute impureté, comme un orfèvre épure l'argent (1). »

Le souci de notre amélioration morale doit-il nous faire perdre de vue les besoins de notre propre corps?

Tout en reconnaissant qu'il est sans profit

(1) Oldenberg. *Le Bouddha, sa vie, sa doctrine*

d'attacher une importance démesurée aux biens corporels, le Bouddha, qui avait compris l'inutilité des mortifications et la nécessité d'entretenir le corps, recommande tout ce qui est indispensable à la conservation de la santé.

Sur ce point, comme sur tant d'autres, il était blâmé par certains philosophes. Le corps, d'après eux, n'ayant pas d'attribut divin et étant de nature périssable, devait être traité avec mépris et revêtu de haillons. A ceci, le Bienheureux répondait : « Le corps est rempli d'impuretés et la fin qui l'attend est le charnier ; mais, comme il est le réceptacle du karma, il est en notre pouvoir d'en faire un vase de vérité et non de péché. »

Négliger les besoins corporels ne convient donc point. On sait que lui-même, âgé et malade, accepta, sur les conseils de son médecin, de porter des vêtements capables de le protéger contre les intempéries. Et cette précaution lui paraissant sage, il voulut qu'elle fut prise par les moines qui l'entouraient.

La morale du Bouddha suppose la liberté.

Si l'on ne peut dire qu'Il se soit embarrassé positivement d'un principe qui ne se posait guère alors sous la forme que nous lui voyons aujourd'hui chez nous, nous pouvons cependant dégager ce principe de la doctrine.

Le Bouddha admettait, en effet, la responsabilité individuelle. Il est écrit dans le Dhammapada : « Soi-même on fait le mal, soi-même on souffre, soi-même on ne fait pas le mal, soi-même on se purifie, soi-même on possède la pureté et l'impureté. »

Mais l'application de la loi de causalité démontre que le liberté ne doit pas être proclamée sans limites.

Les bouddhistes, et avant eux les brahmanes, avaient établi en dogme que tout ce que nous sommes est le résultat d'actes antérieurs. Toute notre personnalité est l'œuvre du passé réalisée par notre volonté. Nous sommes donc libres d'agir, mais une fois que l'acte est accompli, nous ne pouvons plus échapper à ses conséquences bonnes ou mauvaises.

La liberté est d'autant plus relative que le résultat des actes nous poursuit au cours de nos existences successives. Ce n'est pas toujours dans la même vie que la semence portera son fruit et, comme la plupart des hommes ignorent complètement le long passé, qu'ils traînent derrière eux, ils sont enchaînés par des faits sur lesquels ils sont sans pouvoir. Seul, le sage qui a vaincu l'ignorance et qui a dissipé l'illusion parvient à connaître les causes des choses et à voir la longue suite de ses vies antérieures. Il arrive à s'affranchir de tous liens et devient complètement libre lorsqu'il a fini d'expier toutes ses fautes, héritages de vies passées.

Toute une partie de l'enseignement moral du Bouddha, et non la moins originale, se présente sous la forme de fables ou de petits contes. Lui-même, au cours d'une de ses existences, est généralement le héros de ces récits. N'avait-il pas successivement passé par toutes les différentes conditions de la vie humaine, ainsi que de la vie animale.

Ces contes, d'une naïveté charmante, produisaient une impression très vive sur un auditoire le plus souvent peu cultivé et enclin au merveilleux.

Dans chacun d'eux, le Bienheureux préconisait la pratique d'une vertu quelconque, telle que la bienveillance, la bonté.

A titre d'exemples, citons quelques-uns des plus connus.

L'histoire du sage lièvre est un épisode de sa vie alors qu'il faisait encore partie du règne animal :

« Dans une autre vie, j'étais un jeune lièvre, je ne faisais de mal à personne ; un singe, un chacal, une jeune loutre et moi nous vivions ensemble. Je les instruisais de leurs devoirs et je leur enseignais ce qui est bien et ce qui est mal.

« Un jour de fête, je leur dis : « C'est aujour-
« d'hui jour de fête, tenez prêtes des aumônes
« que vous puissiez donner à des personnes
« dignes. »

« Selon leurs forces, ils préparèrent des aumônes. Pour moi, je m'assis et je me mis à chercher dans mon esprit quelle aumône je pourrais bien faire ; je n'ai ni fève, ni riz, ni beurre, je ne vis que d'herbe ; si je trouve une personne digne et qu'elle me demande de lui fournir de la nourriture, je me donnerai moi-même.

« Le roi des dieux connut ma pensée, sous la figure d'un brahmane. Il s'approcha de mon gîte pour voir ce que je lui donnerais, et je lui dis : « C'est bien de venir à moi pour chercher de la « nourriture. Un noble don, un don comme il n'en « a jamais été fait encore, voilà ce que je veux te « donner. Il n'est pas dans ton caractère de faire « du mal à un être vivant, ramasse du bois, « allume du feu, je veux me rôtir moi-même. »

« Quand le bois fut allumé, je m'élançai en l'air, je me précipitai au milieu du feu. Comme une eau fraîche, chez celui qui s'y plonge, calme le tourment de la chaleur, ainsi ce feu flamboyant, pareil à une eau rafraîchissante, calma tous mes tourments. Peau et cuir, chairs et nerfs, os, cœur et ligaments, tout mon corps avec tous ses membres, je l'ai donné au brahmane (1). »

L'histoire du sage lièvre était destinée à éveiller l'idée de générosité et de sacrifice. Voici un autre

(1) Traduction d'Oldenberg.

épisode de la vie du Bouddha où, sous la forme d'un taureau, il exerçait la bienveillance :

« Dans la forêt, sur le penchant d'une montagne, je vivais sous la forme d'un taureau noir que Sakka avait créé. Lions et tigres, je les attirais à moi par la force de ma bienveillance. Entouré de lions et de tigres, de panthères, d'ours et de buffles, d'antilopes, de gazelles et de sangliers, ainsi je demeurais dans la forêt. Aucun être ne s'effarouchait de moi et, moi, je n'avais de crainte d'aucun être. La force de la bienveillance est mon appui, ainsi je demeure sur le penchant de la montagne. »

Mais un de ses plus jolis récits est l'histoire de Koumâla, qui exalte le pardon des injures (1) :

« Koumâla, fils d'un roi, vivait éloigné du tumulte de la cour, adonné à la méditation. Il tenait son nom de ses yeux, qui étaient merveilleusement beaux.

« Un jour, une des reines s'enflamma d'amour pour ce beau jeune homme, mais celui-ci la repoussa vertueusement.

« A quelque temps de là, Koumâla fut envoyé dans une province éloignée. La reine, décidée à se venger de l'affront que lui avait infligé Koumâla,

(1) Légende datant du roi Açôka.

déroba par ruse le sceau d'ivoire du roi et envoya l'ordre d'arracher les yeux au jeune prince.

« D'abord, on ne trouva personne qui voulut exécuter un tel ordre. Enfin, un homme voulut bien se charger de l'exécution.

« Lorsqu'on lui eut arraché son premier œil, Koumâla le prit dans ses mains et dit : « Pourquoi ne vois-tu plus les formations, toi qui les voyais tout à l'heure, vile boule de chair? De quelles illusions ils se bercent, quels reproches ils encourent les insensés qui s'attachent à toi et disent c'est moi. »

« Et, lorsqu'on lui eut arraché son second œil, Koumâla, aveugle, s'écria : « L'œil de chair si difficile à obtenir m'a été enlevé, mais j'ai acquis l'œil parfait de la sagesse. »

« Bientôt après, il apprit que c'est la reine qui a donné l'ordre fatal. « Puisse-t-elle longtemps jouir du bonheur de la vie et du pouvoir, elle qui a envoyé cet ordre auquel je dois une si haute félicité. »

« Il s'en va mendiant avec son épouse et arrive devant le palais de son père et commence à chanter.

« Le roi, de son palais, reconnut la voix de Koumâla. Il voit l'infirmité de son fils, s'informe et, apprenant la vérité, veut faire mettre à mort la reine. Mais Koumâla dit : « Si elle a agi bassement, toi agis noblement, ne mets pas à mort

« une femme, la longanimité, ô Roi, a été louée « par le Parfait. » Et il se prosterna devant le roi : « O Roi, je ne sens pas le feu de la colère, mon « cœur n'a que des sentiments de bienveillance « pour ma mère. Aussi sûr que ces paroles sont la « vérité, puissent mes yeux redevenir comme « ils étaient. »

« Soudain, ses yeux lui revinrent aussi beaux qu'auparavant. »

Ces récits distrayaient l'auditoire tout en l'instruisant et en l'exhortant à la vertu.

Une autre fois, le Bouddha donne des conseils pratiques à un homme qui s'adonne à la mollesse :

« Un homme très riche, souffrant de toutes sortes de maux, vint avec une foule de serviteurs, de chevaux et de chars, visiter le Bouddha. Il ne put s'agenouiller devant le Maître, car il était incommodé par l'obésité et autres infirmités qui l'empêchaient de se mouvoir aisément.

« Le Tataghata, voyant le luxe dont cet homme était entouré : « Désires-tu connaître la cause de « tes maux? Il n'y a que cinq choses qui produi- « sent l'état dont tu te plains : 1° les repas abon- « dants ; 2° l'amour du sommeil ; 3° la passion du « plaisir ; 4° l'insouciance ; 5° le manque d'occu- « pations. Modère-toi à tes repas, diminue tes « heures de sommeil et travaille ; si tu suis mon « conseil tu prolongeras ta vie. »

« Le riche se souvint des conseils du Bouddha, les mit en pratique et revint retrouver le Maître à pied, sans chevaux ni esclaves, et dit : « Maître, « tu as guéri mes maux, je viens maintenant cher- « cher la lumière pour mon âme. »

Les motifs de la disparition du Bouddhisme aux Indes sont restés inexplicables.

En fait, le Bouddhisme, établi dans cette contrée à l'époque de la prédication du Maître, disparut vers l'an mille pour émigrer en Chine, au Japon, au Thibet, sans qu'on ait jamais pu savoir pourquoi.

Nous ne prétendons pas avoir trouvé la solution d'un problème qui a troublé tant de savants.

On peut, tout au moins, dire que la doctrine du Bouddha, sous sa forme primitive, ne pouvait guère se maintenir dans l'Inde, car elle était à la fois trop simple et trop pure. Peu de religions sont fondées sur un nombre aussi restreint de principes et de cérémonies. Le Maître ne s'était pas prononcé sur certaines questions relatives à l'au-delà, qui préoccupent l'esprit humain. Il n'avait rien promis comme couronnement à la vie présente, aucun Paradis, mais seulement la suite interminable des existences. Il avait indiqué aux hommes le sentier qui devait mettre un terme à la douleur, dans un délai dépendant de la sagesse de chacun. La simplicité n'est généralement pas comprise ; et, en matière de religion, les hommes lui préféreront toujours la complexité des dogmes, des préceptes et des rites.

Il fallait surtout plus de cérémonies, plus de pompe pour plaire au peuple hindou, amoureux de spectacles et de fêtes.

Un autre trait caractéristique de la philosophie du Bouddha, et qui s'accordait peu avec le tempérament oriental, c'était la pureté, idéal difficile à atteindre chez un peuple enclin à la sensualité.

En somme, si le Bouddhisme s'est maintenu encore aux Indes même après la mort du Bouddha, la cause en est surtout au prestige de sa personne. Le Bouddha avait, en effet, exercé, sur son entourage, une influence considérable, non seulement sur les déshérités, sur ceux qui s'attachaient à lui parce qu'ils n'avaient rien à perdre, mais encore sur les heureux, les riches, les savants attirés par l'éclat de ses dons prodigieux.

Tant que l'image brillante du Bouddha subsista dans la mémoire humaine, le Bouddhisme conserva son intégrité, et, cela, durant une période de temps relativement considérable. La popularité du Bouddha s'était étendue à l'Inde entière; pendant Sa longue vie, Il avait beaucoup voyagé et les religieux avaient répandu Sa doctrine dans les endroits où Il ne s'était pas rendu lui-même.

Les raisons de la disparition du Bouddhisme peuvent encore s'expliquer par les persécutions dont il a été l'objet, d'abord de la part des brahmanes, ensuite, plus tard, de la part des Musulmans. Il fut combattu violemment par les brahmanes, dont un petit nombre seul l'avaient complètement accepté.

Au ve siècle de notre ère, le Bouddhisme conservait encore une certaine vitalité. Tous les endroits visités par le Bouddha, et où Il avait prêché, étaient devenus des lieux de pèlerinage fréquentés par des milliers de fidèles. Un grand nombre de monastères, entretenus par les dons du peuple, s'élevaient sur les bords du Gange, au Bengale, dans le Dekkan. A Ceylan, ils étaient particulièrement florissants. De nombreuses statues représentant le Bouddha furent érigées là où des événements importants de sa vie ou de sa prédication avaient eu lieu. A Ceylan, on admirait une magnifique tour d'or et d'argent, et une superbe image de jaspe vert représentant le Bouddha avec un diamant à la main.

Deux siècles plus tard, la situation s'était beaucoup modifiée. Au VIIe siècle, le Bouddhisme déclinait partout, sauf dans le centre et l'ouest de l'Inde, ainsi que nous le montre le récit du pèlerin Hioueng Tsang ; le Brahmanisme avait à peu près supplanté le Bouddhisme. Les lieux où le Bouddha avait prêché étaient en ruines ; seules quelques stoupas et des statues subsistaient encore.

A Kachmir, on trouvait encore de nombreux

couvents. Cette ville, en effet, avait servi de refuge à la première émigration des moines mendiants venue de Bénarès, au début de notre ère, époque du schisme entre les bouddhistes du Nord et les bouddhistes du Sud.

La véritable persécution brahmanique date du VIIIe et du IXe siècle. Les religieux furent torturés, les vieillards et les enfants impitoyablement massacrés. Ce qui restait des populations bouddhistes émigra vers le Thibet. Les brahmanes s'efforcèrent de supprimer ou de détruire tous les vestiges du culte et même le souvenir du Bienheureux. Sa doctrine fut dénaturée.

Les Musulmans devaient lui porter le coup final. Ils massacrèrent les derniers disciples du Bouddha, brûlèrent les livres, les couvents. Après eux, il semblait qu'il ne devait plus rien subsister qui rappelât Sa mémoire.

Et, toutefois, ni les brahmanes, ni les Musulmans n'ont pu complétement anéantir cette mémoire, ni même effacer l'impression qu'avait laissée le Bienheureux, à tel point qu'on a pu dire que le Bouddhisme a passé dans l'Inde mais que son esprit y est resté.

Cet esprit s'est manifesté de plusieurs manières. Bien des usages créés par les édits et instructions du roi Açôka persistèrent malgré leur caractère bouddhiste. Ils répondaient aux besoins des populations ; ils avaient établi dans le pays un bien-être et des habitudes difficiles à détruire.

Nous trouvons dans l'ouvrage si documenté de M. Lamairesse (*L'Inde après le Bouddha*) de nombreux détails sur la vie du roi Açôka, sa conversion et les édits qu'il promulgua.

Au début de son règne, Açôka avait favorisé les brahmanes, il était célèbre par son amour des plaisirs et par sa cruauté. On ne pouvait compter le nombre des ministres, ou des courtisans qu'il avait fait mettre à mort. Brusquement, sous l'influence d'un sage religieux, ou à la suite d'événements plus dramatiques (les légendes sont nombreuses à ce sujet), il se convertit au Bouddhisme.

De cette époque datent les édits marqués au signe symbolique de l'Eléphant (représentation du Bouddha) ou de l'arbre Boddhi.

Nous citerons la plupart de ces édits, car ils caractérisent l'esprit même de la philosophie du Bouddha ; par eux, nous apprenons à connaître les sentiments qui ont inspiré sa morale.

C'est d'abord le principe de bienveillance à l'égard de tout être vivant qui dicte le premier édit prescrivant d'épargner la vie des animaux pour les sacrifices et pour l'alimentation. Açôka va encore plus loin que le Bouddha, puisqu'il prescrit la viande comme aliment.

Le second édit comporte des mesures d'utilité générale, idée qui devait être peu répandue chez les monarques hindous de cette époque. Il était destiné à épargner aux hommes la misère de la famine, ce fléau des Indes, et les effets destructeurs de la sécheresse.

« Partout, sur le territoire du roi Pyadassi et aussi des rois qui l'avoisinent, il a été répandu des remèdes de deux sortes : remèdes pour les plantes, remèdes pour les animaux.

« Partout des arbres ont été emportés et plantés. Partout où il manquait des racines et des fruits, il en a été emporté et planté. Et, sur les routes, des puits ont été creusés pour l'usage des hommes et des animaux (1). »

Certains de ces édits sont de véritables formules invitant le peuple à mener une vie vertueuse. Certes, leur efficacité pourra paraître douteuse, on ne se figure guère les sujets d'un souverain se livrant à la pratique de la vertu pour obéir à un décret !

Quoi qu'il en soit, nous signalerons ces édits où Açôka, sous l'inspiration d'une vive ferveur religieuse, aspire à propager la doctrine du Bouddha.

« Il est bon de témoigner de la docilité à son père, à sa mère, à ses amis, à ses parents, à ses connaissances.

« Il est bon de faire l'aumône aux brahmanes et aux religieux bouddhistes mendiants. »

(1) *Edits d'Açôka* (traduction de Lamairesse).

Cette dernière prescription avait été bien des fois recommandée par le Bouddha.

« Il est bon de respecter la vie des êtres animés.

« Il est bon d'éviter l'intempérance et la violence de langage. »

Il est également fait un pressant appel à la tolérance religieuse.

« Le roi souhaite que toutes les sectes puissent habiter également en tous lieux. »

Enfin, le roi Pyadassi informe ses sujets qu'il a mis lui-même en pratique les formules de ses édits, qu'il a définitivement abandonné les plaisirs frivoles et mondains pour les plaisirs vertueux que procurent la religion, la visite, et l'aumône aux Çramanas. Peut-être cet exemple était-il de nature à faire quelque impression sur le peuple.

Les sujets du roi Pyadassi sont également invités à suivre la religion du Bienheureux, dont les pratiques sont préférables aux autres, c'est-à-dire les égards pour les esclaves, les serviteurs, le respect pour les parents et les maîtres, l'aumône aux religieux et la douceur envers tous les êtres vivants.

Les guerres doivent être évitées. Açôka proclame en effet, dans un dixième édit, que les guerres de conquête sont désastreuses et que les conquêtes de la religion sont seules profitables pour le présent et pour l'avenir.

D'autres édits condamnaient toute violence d'une manière générale et déclaraient la justice égale pour tous. Le culte, les surveillants du culte étaient soumis à certaines règles. Enfin, une confession générale du peuple était prescrite tous les cinq ans. L'ancienne religion du Bouddha avait pu disparaître nominalement, elle n'en subsistait pas moins en fait.

Ces mesures qui, il faut bien l'admettre, n'avaient pas toutes un caractère pratique et qui pouvaient donner un résultat parfois illusoire dans leur application, laissèrent une empreinte profonde dans le pays.

Le Brahmanisme adopta les anciennes règles du Bouddha, il chercha seulement à en effacer l'origine.

Quant au roi Açôka, il témoigna toute sa vie le plus grand respect aux religieux bouddhistes et, en toute occasion, il montrait son amour pour le Bouddha et pour sa Loi.

En effet, lors du concile de Palipoutra, il réclama avec insistance qu'il n'y avait « de bien que ce qui avait été dit par le Bienheureux Bouddha ».

On a peut-être exagéré l'influence bienfaisante du Bouddhisme sur la condition des femmes. La réhabilitation des femmes en Orient, d'après certains auteurs, date du Bouddhisme. C'est peut-être aller un peu loin.

Le Code de Manou, comme nous l'avons déjà

vu, avait apporté une amélioration sensible au sort des femmes.

Il y était longuement traité du respect envers la mère, l'épouse; cependant, les femmes étaient dans un état complet de dépendance vis-à-vis de leur mari. La femme stérile était vouée au plus profond mépris.

Constatons que l'infériorité des femmes s'est maintenue dans toute l'antiquité. A Rome, sauf à l'époque du Bas-Empire, la situation de la femme n'était guère plus enviable. De l'autorité du père, elle passait à celle du mari, sans connaître aucune espèce de liberté personnelle.

Dans tout l'Orient, et en particulier à l'époque reculée que nous étudions, les femmes étaient toujours dans une condition d'infériorité vis-à-vis de l'homme.

Cet état a persisté dans le cours des siècles. La civilisation anglaise a beaucoup amélioré le sort des femmes hindoues. Elle a supprimé les coutumes les plus barbares; elle a cherché à établir des écoles, mais elle s'est trop souvent heurtée à l'hostilité, tout au moins à l'indifférence. En fait, le sort de la femme a été des plus malheureux jusqu'à nos jours.

Le Bouddha a certainement fait quelque chose pour les femmes; il possédait une compassion trop grande pour qu'elle ne rayonnât pas sur tous les opprimés, quels qu'ils fussent. On a dit que la femme de Gautama, contrairement aux usages de son temps, ne se voilait pas le visage, et de là on a déduit que le Bouddha avait voulu une liberté plus grande pour les femmes. Cette opinion nous semble peu exacte.

La femme resta toujours, en Orient, l'être impur et trompeur. Le Bouddha ne s'est pas complètement dégagé de cette conception. Il s'était trop élevé au-dessus des passions terrestres pour s'inquiéter des femmes, aussi nous avons vu qu'il n'a jamais fui systématiquement leur société, mais il redoutait leur influence sur ses disciples. Rappelons-nous les recommandations qu'il fait à Ananda sur la conduite qu'il convient d'observer à l'égard des femmes.

On sait qu'à la mort du Bouddha, ses disciples avaient été blâmés pour avoir laissé les femmes approcher du corps du Maître.

Les bouddhistes pensaient que le fait de naître femme marquait une sorte de déchéance ; c'était un obstacle pour atteindre le Nirvana, il fallait renaître une fois de plus dans un corps masculin.

Malgré ces considérations, un fait demeure certain, c'est la création de couvents de femmes. Un tel événement ne s'accomplit pas sans hésitation de la part du Bouddha. Une première fois, il avait refusé à sa tante Mahâpradjâpatî Gautami, qui l'avait élevé, l'autorisation de fonder un ordre de religieuses permettant aux femmes de se consacrer entièrement à la pratique de la Bonne Loi. Plus tard, vers l'époque de la mort du roi Çoudhodana, Gautami et Gopa la femme du Bouddha renouvelèrent leur demande. Le Bouddha refusa encore et ce fut seulement sur les instances d'Ananda qu'il consentit à leur permettre de fonder l'ordre des Bhikchounis, ou religieuses bouddhistes. Il leur imposa, d'ailleurs, une discipline sévère : elles devaient aux moines le respect et l'obéissance, et jamais elles ne furent admises sur un pied d'égalité avec eux.

Ce que nous venons de dire pour les femmes, nous pourrions également le dire pour les Tchandalas. La grande réforme accomplie par le Bouddha a été, encore, de les admettre à la vie religieuse. A cette époque, d'après les idées brahmaniques, cet acte constituait une véritable inovation. Le Bouddha, toutefois, n'a pas supprimé toutes les injustices et la honte qui pesaient sur les Tchandalas. Nous avons vu qu'il reconnaissait la hiérarchie des castes et qu'il n'a jamais cherché à modifier l'état social de son temps. Pour lui, naître Tchandala était le résultat de la loi de causalité.

Toutefois, les Pariahs, par suite de leur admission à la vie religieuse, acquirent une dignité à laquelle ils n'auraient pu parvenir. L'effet produit sur un grand nombre d'entre eux, à la suite d'un tel événement, fut considérable.

L'influence de la doctrine du Bouddha dans l'antiquité, en dehors des pays d'Orient, a été généralement méconnue. On se trompe lorsqu'on limite ses effets à l'Inde et aux pays d'Asie.

Il n'est pas douteux qu'au point de vue moral, en particulier, les écoles philosophiques de Grèce, de Rome et d'Alexandrie aient été fortement empreintes de l'esprit du Bouddha.

Quelques auteurs ont recherché cette influence et, parmi eux, M. Lamairesse (1) a dégagé la part de bouddhisme que contenait la philosophie de Pythagore, de Platon et de Socrate.

La doctrine de Pythagore rappelle dans ses grandes lignes la doctrine bouddhique. Nous voyons, en effet, le philosophe grec enseigner la métempsycose et la transmigration des existences. Pythagore, comme le Bouddha, tenait l'illumination complète. Il connaissait la longue suite de ses existences antérieures et il aimait à les citer comme exemples. Sa morale rappelait les dix règles bouddhistes : le respect des parents, la bienveillance des hommes entre eux et à l'égard des animaux. Il se proposait de combattre l'ignorance, qui enchaîne l'esprit et ne lui permet plus de faire la distinction entre le bien et le mal. Comme le Bouddha, il avait des disciples : les uns vivaient dans le monde, tels les fidèles laïques, les autres

(1) Lamairesse. *L'Inde après le Bouddha.*

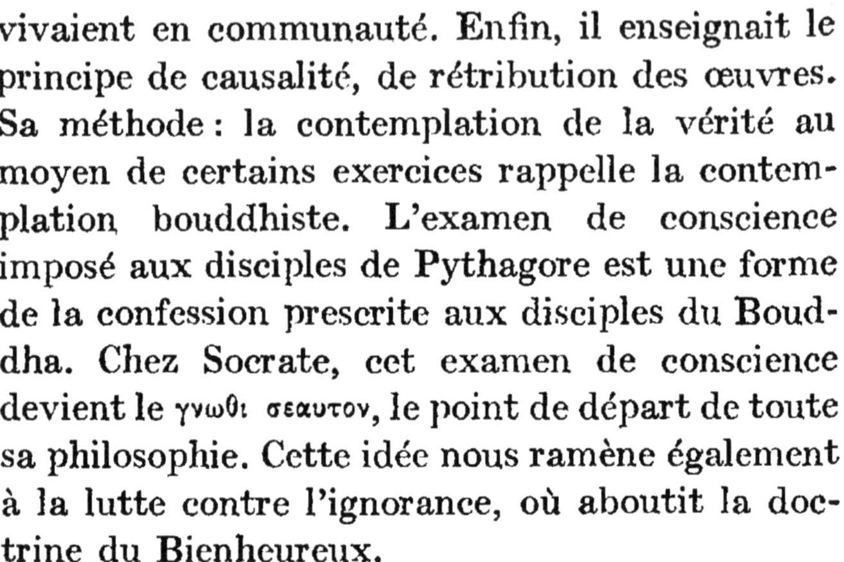

vivaient en communauté. Enfin, il enseignait le principe de causalité, de rétribution des œuvres. Sa méthode : la contemplation de la vérité au moyen de certains exercices rappelle la contemplation bouddhiste. L'examen de conscience imposé aux disciples de Pythagore est une forme de la confession prescrite aux disciples du Bouddha. Chez Socrate, cet examen de conscience devient le γνωθι σεαυτον, le point de départ de toute sa philosophie. Cette idée nous ramène également à la lutte contre l'ignorance, où aboutit la doctrine du Bienheureux.

Avec Platon, nous retrouvons le principe de la transmigration des existences.

« Apprendre, dit Cébès, n'est autre chose que se ressouvenir. Or, si ce principe est vrai, il faut que nous ayons appris dans un autre temps les choses dont nous nous ressouvenons dans celui-ci. Cela est impossible si notre âme n'existait pas avant de venir sous cette forme humaine. »

Platon adopte le principe de la rétribution des œuvres : « Les âmes ont une destinée en rapport avec la vie qu'elles ont menée. » Pour purifier l'âme, il faut la séparer du corps, l'accoutumer à se renfermer et à se recueillir en elle-même. Ce recueillement de l'esprit n'est pas autre chose que la méditation bouddhiste.

L'invasion d'Alexandre en Asie, aux Indes, a

servi à la diffusion des idées bouddhistes. Les biskus allèrent à Alexandrie et se répandirent en Grèce et à Rome ; les philosophes grecs allèrent étudier en Orient.

La morale de Marc-Aurèle s'inspire des principes du Bouddha et, au Bas-Empire, nous voyons s'épanouir le goût des miracles et de la magie chers à l'Orient.

Tel fut le rôle considérable de la doctrine du Bienheureux dans l'histoire de la civilisation humaine.

D'une manière générale, la philosophie du Bouddha n'a pas influencé l'esprit occidental moderne, qui l'a fort peu connue. Cependant, nous signalerons ici une exception qui mérite d'être mentionnée. On peut dire, en se plaçant au point de vue éthique, que Schopenhauer a été un disciple du Bouddha. Il n'est pas sans intérêt de faire un rapprochement entre la morale du Bienheureux et celle du philosophe allemand. Ce dernier part du même principe : toute vie est douleur, mais, par la connaissance, l'homme doit arriver à s'affranchir de la vie.

Par l'intelligence, l'homme comprend que ce qu'il croit être la réalité n'est qu'une illusion et que le moi est sans valeur propre.

La cause de l'existence est le désir aveugle, la volonté de vivre. Il faut que l'homme cesse de vouloir, qu'il réprime en lui toute force qui le sollicite à agir, de manière à atteindre le repos absolu, la négation du vouloir vivre.

A la base de la morale, Schopenhauer placera, comme le Bouddha, la compassion. Dès que le disciple aura compris que le moi n'est qu'une illusion des sens, qu'il y a identité entre lui et tous les êtres, il ressentira profondément en lui cette bienveillance que le moine bouddhiste étendait à tous les êtres de l'univers. Il ne fera plus de distinction entre lui et les autres, il jouira de leurs joies comme des siennes, il souffrira de leurs peines comme de ses propres peines.

Schopenhauer nie la joie et le bonheur. « Le plaisir, écrira-t-il, est négatif, la douleur seule est positive. »

Mais, tandis que le Bouddha, établissant ce même principe, n'a qu'un but, celui de délivrer l'humanité de la douleur, Schopenhauer constate le fait avec une sécheresse toute mathématique. C'est une donnée philosophique qu'il expose et rien de plus.

Le fait de vivre, dira-t-il, suppose un effort, et cet effort même constitue une peine. En éteignant cette soif de vivre, on fait disparaître la douleur. Cette extinction n'est possible que par la connaissance complète.

La doctrine de Schopenhauer, de même que celle du Bouddha, a un caractère purement intellectuel et ramène tout finalement au savoir. La connaissance dans les deux systèmes est le moyen principal du salut.

Hartmann, disciple de Schopenhauer, admet, comme lui, l'universalité de la douleur. L'homme a toujours cherché le bonheur sans jamais le rencontrer.

Toute la vie des hommes à travers les âges n'est que l'histoire des aspirations illusoires vers une félicité jamais conquise. L'antiquité grecque et romaine s'est efforcée de réaliser le bonheur dans la recherche des jouissances matérielles, intellectuelles ou même morales. Les chrétiens ont placé le bonheur dans l'espérance de la vie future.

Actuellement, les hommes estiment que le bonheur sera réalisé sur la terre quand l'homme lui-même, et les institutions sociales, auront atteint leur complet développement.

Tous se trompent : Le mal, dira Hartmann, l'emportera toujours incontestablement, l'homme est destiné à souffrir et toute recherche du bouheur est illusoire.

Disons aussi que la doctrine bouddhique, dont certains passages ont été admirablement présentés au point de vue historique par Leconte de Lisle, a trouvé un véritable disciple et propagateur chez le poète parnassien Jean Lahor.

LA MÉTHODE : LA MÉDITATION
LES MIRACLES

CHAPITRE IV

La Méthode : la Méditation, les Miracles

> **Quand le sage par la vigilance a dissipé en lui toute frivolité, il monte sur la terrasse de son palais de sagesse et, délivré de tout chagrin, il regarde là-haut les affligés. Sage, il regarde le sot comme un homme qui est au sommet de la montagne regarde ceux qui sont dans la plaine.**

A notre bref résumé de la morale bouddhique, nous devons ajouter l'exposé de la méthode qui permet d'arriver à la perfection que cette morale envisage. De quelle manière le disciple pourra-t-il atteindre l'idéal que le Maître lui a fait entrevoir? La voie qui y mène sort si complètement des sentiers battus qu'on ne saurait s'y engager spontanément et en se fiant à ses propres ressources.

Se débarrasser de l'ignorance, purifier complètement son cœur, est une besogne très longue et très pénible parce qu'elle n'est pas naturelle à l'homme. Il lui est naturel, au contraire, d'obéir à ses penchants, de satisfaire ses désirs et, comme on dit vulgairement de se laisser vivre.

« Les mauvaises actions, est-il dit dans les Ecritures, et les actes qui nous nuisent sont aisés à faire, ce qui est profitable et bon est difficile à exécuter. »

Avant tout, il faut faire œuvre personnelle ; une fois que les conseils du Maître l'ont bien inspiré, c'est en lui-même que le disciple ira puiser et non chez autrui.

Le mal dont l'homme souffre n'a pas d'autre auteur que lui-même. Nul, que lui, n'est responsable. Sa guérison, par conséquent, il ne doit pas la chercher ailleurs qu'en lui. Cette guérison, qui ne dépend que de nous, la méditation nous permet de la trouver.

On ne saurait trop insister sur l'importance que le Bouddha attache à la méditation. Elle est le pivot de sa méthode, elle constitue le ressort central de son mécanisme. Il n'y a pas de bouddhiste sans elle, même parmi les différentes sectes qui se rattachent, de près ou de loin, à la doctrine du Maître.

La méditation est pour le Bouddha ce que la prière est pour Jésus.

Le disciple de Jésus prie, tandis que le disciple du Bouddha médite.

La méditation répond évidemment à la psychologie des Orientaux, plus qu'à la nôtre. C'est pourquoi la méthode bouddhique a provoqué chez nous des critiques souvent vives. A notre nervosité, elle n'est pas loin de paraître une école de stérilité intellectuelle. Et l'idée inexacte que nous nous en faisons a grandement contribué à discréditer chez nous le bouddhisme. Dans le disciple du Bouddha, certains ont cru voir un être abîmé dans la ridicule contemplation de son nombril.

En laissant de côté cette opinion simpliste, nous ne soutiendrons pas que la méthode bouddhique ne puisse prêter à des abus condamnables et conduire aux antipodes de l'état intellectuel que cette méthode a précisément pour but d'entretenir. Mais ce n'est certainement pas dans la prodigieuse activité du Bouddha, dans sa vie si remplie par les prédications ou les voyages, que nous trouverons de quoi la condamner.

Et d'abord, qu'est-ce au juste que la méditation? Serait-ce une rêverie dangereuse où l'esprit s'égare sans direction et où la maîtrise du soi arrive même à échapper? Point du tout et, bien au contraire, la méditation est la concentration de l'esprit sur un objet déterminé, mûrement choisi, et sur un sujet longtemps le même.

C'est un entraînement de l'intelligence au sens que ce mot revêt dans le langage sportif. Combien gagnerions-nous à répandre dans nos écoles ce sport de l'intelligence !

Sans vouloir renoncer aux résultats obtenus par l'emmagasinement des notions par la mémoire, il est évident que la pratique de la réflexion (et réflexion revient au même que méditation) formerait mieux l'esprit de l'élève qu'une répétition mécanique. Apprendre des notions importe certes, mais apprendre l'exercice de la pensée importe davantage et, en tous cas, importe d'abord.

Le Bouddha n'a cessé de proclamer :

« C'est par la méditation que disparaît l'ignorance, cause de tous nos maux.

« Sans connaissance, il n'y a pas de méditation ; sans méditation, il n'y a pas de connaissance ; celui qui a la connaissance et la méditation est près du Nirvana. »

La méditation nécessite donc la connaissance et celle-ci, à son tour, n'existe que par la méditation.

Apprenons à apprendre ! Entraînons-nous à méditer, comme un athlète s'exerce à courir et à lutter.

On ne médite pas, en effet, du premier coup.

Là, comme partout, le travail et l'habitude portent à la longue leur fruit.

Nous savons par les Ecritures combien le Bouddha consacra de temps à la méditation avant d'arriver à la connaissance.

Dès son départ du palais paternel il se livra, pendant six années entières, à l'étude et à la réflexion.

Que d'heures il passa à méditer sous l'arbre

Boddhi ! Quatre fois sept jours de suite, il demeura plongé dans la méditation, lorsque soudain l'illumination se produisit.

Pour arriver à la connaissance parfaite il y a des degrés dans la méditation. Le Bouddha a passé par chacun d'eux, les voici tels qu'ils sont traduits par le professeur Kern (1) :

« Après s'être purifié des tendances sensuelles et du péché, le Bouddha atteignit, à la première Méditation, le sentiment de contentement et le plaisir qui naissent d'un jugement exact mais qui sont encore accompagnés de doute et de réflexion.

« Après la disparition du doute et de la réflexion et l'avènement subséquent du calme et de l'unité intellectuelle, il atteignit, à la deuxième Méditation, le sentiment de béatitude et le plaisir qui naissent d'une pieuse fixation d'idées, qui sont libres de doute et de réflexion.

« Arrivé à l'indifférence, par suite de son peu d'attachement au sentiment de béatitude, il continua sa méditation en conservant le souvenir et la conscience et ressentit, dans tout son corps, un sentiment de plaisir indifférent, riche en souvenirs, marchant dans le plaisir comme disent les Aryas et il atteignit la troisième Méditation, celle d'où la joie est absente.

(1) *Histoire du bouddhisme dans l'Inde.*

« Ayant abandonné à la fois le Plaisir et la Douleur, et comme déjà auparavant la joie et la tristesse avaient disparu, il atteignit à la quatrième Méditation, où il n'y a ni Douleur ni Plaisir, la perfection du souvenir et l'indifférence. »

Le disciple qui se livre à la méditation, doit d'abord songer à la splendeur du Bouddha : « Le soleil brille le jour, la lune brille la nuit, le guerrier brille sous son armure, le brahmane brille dans sa méditation, mais le Bouddha brille jour et nuit. »

Pénétré de la sagesse du Parfait, le disciple concentre son esprit sur tout ce qui l'entoure et, en particulier, sur l'inconstance des choses humaines qui naissent pour périr aussitôt.

A celui qui médite, il faut le calme et le silence. La forêt était aussi, pour le moine, le lieu préféré.

« Quand devant moi (1), quand derrière moi, mon regard n'aperçoit plus personne, certes il est doux de demeurer seul en la forêt.

« Alors je veux m'en aller dans la solitude, dans la forêt que loue le Bouddha ; c'est là qu'il fait bon être pour le moine qui aspire à la perfection. Dans la forêt Sita, la plaine, dans une fraîche grotte de la montagne, je veux baigner mon corps et je veux marcher seul. Seul, sans compagnon dans la vaste forêt, quand aurai-je atteint mon but, quand serai-je libre de péché ?

(1) Cité par Oldenberg. *Le Bouddha, sa vie, sa doctrine.*

« Sur le bord des rivières parées de fleurs et que couronne la guirlande diaprée des forêts, il est assis, joyeux, plongé dans la méditation ; il ne peut y avoir de joie plus haute. »

Mais, à côté de cet exercice purement intellectuel, on distinguait des états physiologiques tels que l'arrêt de la respiration, les états d'hypnose.

Il n'est pas nécessaire d'avoir la nature devant soi pour méditer. Dans une pièce silencieuse, l'esprit peut également se concentrer. Les jambes croisées, le corps droit, dans la position où le Bouddha est souvent représenté, le disciple peut parvenir à purifier complètement son esprit.

L'exercice de la méditation se fait graduellement. Le disciple apprend d'abord à concentrer son esprit pendant un temps déterminé et le sujet de la méditation ne sera pas tout de suite ni trop élevé, ni trop abstrait. Il suffira que l'esprit se concentre d'abord sur un objet matériel assez simple. Il faudra veiller sur la pensée, ne pas lui permettre de s'éloigner un seul instant de son objet.

Le Bouddha n'a pas laissé au disciple en méditation la liberté de la position qu'il doit prendre. Il a cru devoir la lui indiquer. Le disciple, accroupi sur les talons, les paumes des mains appliquées l'une contre l'autre, devait observer une immobilité complète. Peu à peu, il parvenait à concentrer son esprit pendant un espace de temps plus considérable et sur des sujets plus abstraits. On distinguait la méditation négative, destinée à obtenir la destruction du soi et de toute idée mauvaise, et la méditation positive, qui devait faire épanouir dans l'âme les pensées les plus propres au salut.

Le disciple, débarrassé de tout égoïsme et de toute haine, dirigeait son esprit vers la bienveillance et vers l'amour. Il devait éviter de laisser sa pensée se fixer sur une idée pernicieuse, mais la diriger vers la vertu. Plusieurs fois par jour et même la nuit, le fidèle méditait sur le Bouddha, la loi et la communauté.

Il est un sujet sur lequel les religieux bouddhistes méditent également sans cesse : ce sujet est l'homme ainsi que tous les êtres de la nature.

L'homme nous offre, en effet, l'objet à la fois le plus digne d'attention et le plus soumis aux variations. Cette étude comprend un nombre considérable de divisions et de subdivisions, formant autant d'objets de méditation, dont voici quelques-uns :

Tous les êtres sont des composés d'éléments ; il y a quatre éléments principaux : la terre, l'eau le feu et l'air.

L'étude des quatre éléments formera un sujet spécial de méditation, de même que celle du corps, des sens, de chacun d'eux en particulier avec ses diverses facultés. Le corps est divisé en trente-deux parties ; les organes des sens sont au nombre de six, le cœur formant le sixième sens. Tous les êtres vivants ont deux attributs : le nom et la forme.

Finalement, le disciple ne trouvera que misère et souffrance dans le corps, de même que dans l'intelligence. Tout dans la nature est sujet à la douleur, à la vieillesse et à la mort, conclusion à laquelle aboutit invariablement la doctrine du Parfait.

Celui qui, par la méditation, avait complètement dompté ses passions et arrivait à contempler les choses dans leur réalité, et non plus sous leur forme illusoire, parvenait à un état d'extase où il acquérait la connaissance de toutes ses vies antérieures, ainsi que celles des autres hommes. Les limites mêmes de ce monde physique n'existaient plus pour lui. Il pouvait s'enfoncer sous terre, marcher sur l'eau, connaître les pensées des hommes. Il avait l'ouïe divine qui permet d'entendre les sons les plus lointains, la voix des hommes, des dieux et celle de la terre. En un mot, il avait réalisé en lui la « boddhi », c'est-à-dire cet état intellectuel qui constituait en l'acquisition des qualités sublimes : intelligence, science et bonté. La boddhi n'était pas, en effet, réservée aux seuls Bouddhas, elle était accessible à tous les êtres par la force de leurs mérites.

Les bouddhistes considéraient cinq sortes de méditations principales :

1° La méditation sur l'amour ;

2° La méditation sur la pitié ;

3° La méditation sur la joie ;

4° La méditation sur l'impureté ;

5° La méditation sur la sérénité.

Il y avait encore la méditation du cimetière.

Dans la méditation sur l'amour, une des plus importantes de la méthode bouddhiste, puisque la fraternité entre tous les êtres vivants est à la base de l'enseignement du Maître, le disciple nourrissait en lui un sentiment de bienveillance à l'égard de tous les êtres, sans distinction de caste ni de sexe. Cette bienveillance s'étendait jusqu'aux animaux et aux végétaux, enfin à tout ce qui vit.

« La bienveillance envers tous les êtres est la vraie religion. » (Dhammapada.)

Dans la méditation sur la pitié, l'esprit était concentré sur la douleur et la misère des hommes. Le disciple voyait d'abord la souffrance autour de lui, puis sa vue s'etendant au delà ; loin dans le monde, il contemplait la détresse infinie de tous les êtres.

« Tous les êtres soupirent après le bonheur, que ta compassion s'étende sur eux tous. »

Dans la méditation sur la joie, on devait se réjouir du bonheur d'autrui.

« N'ayez point de convoitise ni d'envie, mais réjouissez-vous du bonheur d'autrui. » (Dhammapada).

Dans la méditation sur l'impureté, le disciple envisageait tous les péchés de la chair, les passions, la convoitise, tout ce qui retient l'homme à la loi de transmigration et qui ne sont que des illusions décevantes.

« Allège, ô disciple, cette barque pesante; vidée, elle voguera légèrement. Quand tu seras affranchi des chaînes et des désirs, tu atteindras le Nirvana. »

Enfin, dans la méditation sur la sérénité, le disciple concentrait sa pensée sur la paix, la maîtrise de soi, la parfaite sagesse qui conduit au Nirvana.

« Bonne est la maîtrise du corps, bonne la maîtrise de l'esprit, bonne est la parfaite maîtrise de soi-même. Le disciple maître de lui-même s'affranchira de toute douleur. »

Nous avons parlé de la méditation sur la mort, ou plutôt de la méditation du cimetière; elle se présentait sous un aspect d'un réalisme un peu choquant, comme nous le verrons par cette citation empruntée au *Bouddhisme du Bouddha*, du professeur A. David :

« S'imaginant un cadavre sur le champ de sépulture, un corps mort depuis un, deux ou trois jours, gonflé d'un bleu noirâtre, en proie à la décomposition, le disciple conclut par rapport à lui-même : Mon corps deviendra un jour semblable à ce cadavre, sa destinée est identique, rien ne peut l'y soustraire.

« S'imaginant un cadavre gisant sur un champ de sépulture, mis en pièces par les corneilles, les corbeaux, les vautours, dépouillé de sa chair par les chiens et les chacals, rongé par toutes sortes de vers, le disciple conclut : Mon corps deviendra un jour semblable à ce cadavre, sa destinée est identique, rien ne peut l'y soustraire.

« S'imaginant un cadavre gisant sur le champ de sépulture, une charpente d'os d'où la chair pendrait, éclaboussée de sang, rattachée par les muscles, ou une charpente d'os dépouillée de chair, le disciple conclut : Mon corps deviendra un jour semblable à ce cadavre, sa destinée est identique, rien ne peut l'y soustraire. »

Cette idée de la mort sous son aspect matériel le plus repoussant est un thème qui revient souvent dans les Ecritures bouddhistes.

Mis en présence de la beauté sous la forme la plus parfaite, le bouddhiste voit surgir derrière elle la décrépitude hideuse.

Les formes les plus admirables sont périssables et ne sont qu'une illusion de nos sens.

On sait l'importance que le Bouddha attachait à cette idée. Un soir, en son palais de Kapilavastu, alors que son cœur était rempli d'angoisse et de trouble, ses femmes, pour le détourner de sa tristesse, s'étaient rassemblées autour de lui. Elles étaient belles et parées et s'efforçaient de lui plaire par leurs danses et par leurs chants. Au milieu de la nuit, alors qu'elles étaient endormies, le Bodhisatva s'éveilla : jetant un coup d'œil autour de lui, il contempla ses femmes, plongées dans le sommeil, et les trouva hideuses : « Je demeure au milieu d'un cimetière, en vérité », pensa-t-il.

Toutes ces diverses méditations se rattachaient à la culture en soi des principales vertus, telles que l'amour, la pureté, la pitié.

Le Maître ne manquait jamais de faire appel à la méditation, ou, en certains cas, à la simple réflexion. Il amenait ainsi les esprits les plus ignorants à se rendre compte par eux-mêmes de la vérité. Nous citerons comme exemple la touchante histoire de Krichâ, la mère qui avait perdu son enfant :

« Krichâ Gautami avait un fils qui mourut. Elle demandait partout un remède qui put faire revenir cet enfant à la vie. Les gens disaient d'elle : Elle a perdu la raison, l'enfant est mort. Quelqu'un l'envoya trouver le Bouddha ; celui-ci lui ordonna de chercher une poignée de graines de moutarde devant provenir d'une maison où personne n'aurait perdu un enfant, époux, parent ou ami.

« La pauvre Krichâ alla de maison en maison, sans rien trouver ; désespérée, à la nuit, elle s'assit au bord du chemin et médita longtemps sur la destinée de l'homme.

« Elle comprit alors d'elle-même que la mort est le sort commun à l'homme. Résignée, elle enterra son enfant, revint vers le Bouddha et trouva sa consolation dans le Dharma. »

Par la méthode rationnelle de concentration profonde de la pensée observée régulièrement à certaines heures du jour, le disciple arrivait à voir disparaître l'ignorance, tandis que la joie s'épanouissait en lui.

Il est écrit : « Celui qui se livre à des méditations raisonnables trouve promptement la joie en tout ce qui est bon. Il voit que la richesse et la beauté sont impermanentes, que la sagesse est le plus précieux des joyaux. »

Mais, pour atteindre ce but, quelle énergie ne fallait-il pas déployer et combien nous sommes loin de la prétendue inertie bouddhiste ! Il faut voir plutôt dans la doctrine une école d'activité et d'efforts personnels.

« Stimule toi toi-même, est-il dit dans le Dhammapada, dirige toi toi-même ; ainsi protégé par toi-même et plein de clairvoyance, tu vivras plus heureux. »

Et encore, dans ce même ordre d'idées :

« Par l'activité virile, l'effort vigilant, l'empire

sur soi-même, la modération, le sage peut se faire une île que les flots ne submergent pas. »

Le travail et l'effort personnels ont pour le Bouddha plus de prix que les meilleures leçons des philosophes. D'une manière générale, il met en garde ses disciples contre les croyances qui ont cours, les idées acceptées par tout le monde :

« Ne croyez pas une chose simplement sur des ouï-dire. Ne croyez pas sur la foi des traditions parce qu'elles sont en honneur depuis de nombreuses générations. Ne croyez pas une chose parce que l'opinion générale la tient pour vraie, ou parce que les gens en parlent beaucoup.

« Ne croyez pas une chose parce que les probabilités sont en sa faveur, ou qu'une longue accoutumance vous incline à la tenir pour vraie.

« Ne croyez pas ce que vous vous êtes imaginé ; pensant qu'une puissance supérieure vous l'avait révélé.

« Ne croyez rien sur la seule autorité de vos maîtres ou des poètes.

« Cela que vous aurez vous-même éprouvé, expérimenté et reconnu pour vrai, qui sera conforme à votre bien et à celui des autres, cela croyez-le et conformez-y votre conduite. »

Nous voici presque en pleine philosophie cartésienne. Rappelons-nous, en effet, la première règle du *Discours sur la Méthode* : « Ne recevoir jamais aucune chose pour vraie que je ne la connusse évidemment telle. »

La méthode expérimentale moderne, en repoussant comme base scientifique la tradition, le consentement universel, les probabilités ou l'autorité de quelque savant, n'est pas très éloignée de l'espiit du Bouddha.

« *Nihil novi sub sole* », dit Salomon dans sa sagesse.

En résumé, la méditation et les divers exercices intellectuels auxquels se livre le disciple n'ont tous qu'un même but, la découverte de la vérité. « Ayez confiance en la vérité, est-il écrit, lors même que vous ne seriez pas capable de la comprendre, lors même que vous supposeriez que sa douceur est amère, lors même que vous reculeriez devant elle au premier abord, confiez-vous en la vérité. »

Les Miracles

Avec les miracles nous touchons à l'un des côtés les plus délicats de la doctrine bouddhique. Jusqu'à présent, nous avons vu l'enseignement du Maître présenter un caractère purement spirituel. La lutte contre la douleur, contre l'ignorance, le développement des facultés de l'intelligence et de l'âme, telle est la tâche du Bouddha. Cependant, il demeure à peu près certain qu'il ne s'est pas adressé seulement à la raison et qu'il a fait quelquefois appel à des phénomènes extraordinaires dont peut-être il avait le secret.

Avant de juger ces miracles, il convient de faire une large part à la légende. Une grande partie de la vie du Bouddha demeure légendaire et si son existence historique est indéniable, il est impossible de vérifier l'authenticité de tous les faits qu'on lui attribue. Les conciles qui ont commencé la rédaction des Ecritures sont plus de deux siècles postérieurs à Sa mort. Ni le Maître, ni ses disciples n'ont rien écrit, et les ouvrages parus après eux ont subi des modifications telles, que les nombreuses sectes bouddhistes actuelles ne s'accordent pas sur différents points assez importants de la doctrine.

Le Bouddha s'est servi des miracles pour subjuguer son peuple, quand il le jugeait nécessaire. Ainsi il obéissait aux usages et aux idées de son époque. La plupart des philosophes, alors, faisaient grand abus de miracles. Mais Il paraît s'être peu servi de ce mode d'enseignement ; d'une manière générale, il blâmait l'excès du merveilleux et de toute représentation ; Son goût de la mesure et de l'harmonie l'en écartait. Autour de lui, au contraire, l'amour du surnaturel était si puissant que le roi Prasânadjâ, rapporte Burnouf, avait fait construire un vaste édifice pour que le Bouddha y puisse accomplir ses miracles. Actuellement, ce goût n'a pas disparu chez le peuple hindou. Le simple bon sens s'accommode bien mal de ces légendes, nous n'y attacherons qu'une importance secondaire. Il convient de les envisager à l'égal de ces récits mythologiques extraordinaires où l'imagination s'est donnée libre cours et où la vérité est très difficile à découvrir. A titre de documents, quelques-uns des plus célèbres vont être indiqués.

Le Bouddha apparaît, un jour, à ses fidèles, au milieu d'une lumière dorée. De son corps s'échappent des rayons éclatants. Bientôt il disparaît de la place où il est assis, on le voit alors à l'Occident, et des flammes sortent de son corps.

Une autre fois (1), les deux rois des Nagas, Nanda et Upananda, créèrent un lotus à mille feuilles, de la grandeur de la roue d'un char, en or, et la tige en diamant. Le Bouddha s'assit sur le lotus, les jambes croisées et le corps droit. Au-dessus de ce lotus, il en créa un autre, et devant lui, derrière lui, de nombreux Bienheureux ; quelques-uns marchaient, d'autres se tenaient debout, et le monde entier put contempler cette couronne de bouddhas.

Parfois, le Maître accomplissait ces miracles pour convaincre le peuple et pour détruire le prestige et l'autorité d'ascètes, ses rivaux, qui, à leur tour, accomplissaient également des miracles.

(1) Miracle cité par Burnouf.

Un jour, arrivant sur le bord de la rivière Ganga, il voulut la traverser et s'adressa à un batelier. Il n'avait pas d'argent pour payer son péage ; le batelier, qui ne le connaissait pas, refusa de le laisser passer. Le Bouddha s'envola sur l'autre rive, au grand désespoir du batelier, qui reconnut trop tard sa méprise.

On connaît également l'histoire de son ascension au ciel pour enseigner la Loi à sa mère, Maya-Devi.

Burnouf rapporte encore que Baghavat, en présence du roi Prasânadjâ, pose ses deux pieds sur le sol et, aussitôt, il se produisit un grand tremblement de terre.

Les divinités de l'atmosphère répandirent sur la terre des lotus bleus, rouges et blancs. Alors, concentrant son esprit et plongé dans une méditation profonde, le Bouddha disparaît de la place où il est assis, s'élance dans les airs, tandis qu'une vive lumière semble s'échapper de la partie inférieure de son corps et qu'une pluie d'eau froide jaillit de la partie supérieure.

Sa naissance et sa mort, d'après les Ecritures, s'accompagnèrent de prodiges merveilleux : la terre trembla, les arbres se recouvrirent de fleurs, des chants harmonieux se répandirent dans l'air. Des phénomènes semblables se renouvelèrent à l'époque de son illumination.

Nous ne nous arrêterons pas plus longuement

sur ces miracles. Nous dirons seulement que si le Bouddha était, comme nous le croyons, un homme éclairé et parfait, doué de toutes les qualités de l'être de génie qui domine son temps, il avait toutefois, en tant qu'homme, des limites humaines à ses capacités. Tous ces miracles appartiennent, par conséquent, à la légende.

Une seule réserve peut être faite, c'est que, comme Oriental, il avait peut-être en lui des qualités psychiques, assez rares chez les Occidentaux, de nature à expliquer plus ou moins certains phénomènes.

LE NIRVANA
LA TRANSMIGRATION DES EXISTENCES
LE KARMA

CHAPITRE V

Le Nirvana
La transmigration des existences
Le Karma

> **En vérité je te dis ni dans les cieux, ni dans les profondeurs de la mer, ni si tu te caches dans les cavernes des montagnes, tu ne trouveras un lieu où tu puisses échapper au résultat de tes mauvaises actions. De même tu recevras sûrement les biens récompenses de tes bonnes actions.**

Ces trois théories comprennent toute la métaphysique du Bouddha. C'est la partie la moins nouvelle et la moins originale de sa doctrine. Nous verrons qu'il ne s'est pas complètement expliqué sur la première, et, quant aux deux autres, elles lui étaient très antérieures. La transmigration des existences et la loi de causalité ont été admises aux Indes dès la plus haute antiquité ; elles faisaient partie des grandes vérités brahmaniques et leur origine se perd dans la nuit des temps.

Aucun point du système bouddhiste n'a soulevé plus de controverses que le Nirvana. Les diverses sectes bouddhistes elles-mêmes ne sont pas d'accord quand il s'agit d'en fournir une explication précise. En Occident, la plus grande obscurité règne à ce sujet ; le mot « Nirvana » est généralement pris comme synonyme de néant et cette interprétation a beaucoup contribué à discréditer chez nous toute la philosophie bouddhiste.

Les travaux des orientalistes, tels que Burnouf, Oldenberg, Max Muller et bien d'autres, suffiraient toutefois amplement pour réhabiliter la doctrine du Parfait. Le public les ignore, ils demeurent réservés aux érudits ; ainsi, les erreurs qui s'étaient formées au sujet du Bouddhisme ont subsisté. Le résultat a été que la Doctrine est restée inconnue ou méconnue.

Un tel ostracisme à l'égard d'une philosophie aussi belle et aussi riche en œuvres ne laisse pas que de surprendre.

Les Grecs, les Latins, les Egyptiens et même les Chaldéens sont étudiés dans les ouvrages classiques destinés à la jeunesse. L'Inde, ce berceau de notre race, le Bouddha sont complètement ignorés.

Savoir au juste ce que c'est que le Nirvana, il n'y a guère de question aussi troublante. Le Bouddha a laissé volontairement planer l'obscurité à ce sujet, en tous cas, il s'est insuffisamment expliqué pour nous en donner une théorie satisfaisante. Il estimait qu'un certain nombre de problèmes dépassaient l'entendement de l'homme, n'assurent pas son bonheur et n'ont qu'un intérêt secondaire. Comment ne pas voir là un trait de sa haute sagesse. Saint Augustin à dit : « En ce qui concerne Dieu, le silence vaut mieux qu'une discussion. » La même parole peut s'appliquer au Nirvana.

Que se proposait, en effet, le Bouddha, sinon de montrer aux hommes la voie du salut et les délivrer de la souffrance. Il ne tenait pas ses connaissances d'une révélation divine, il n'était pas l'envoyé de Dieu, mais simplement un homme qui avait atteint la sagesse après de longs efforts personnels et de profondes méditations. Dès lors, pourquoi nous étonner qu'il ne se soit pas étendu sur les causes finales?

Acquérir la connaissance ; ce qui lui avait pris un temps si long et nécessitait des efforts si grands aurait trop coûté au commun des hommes.

Le Maître a donc préféré ne pas s'expliquer sur le Nirvana. Dans un dialogue entre lui et son disciple Malunkyaputta, lequel lui demandait la cause de ce silence, il en donne quelques motifs :

« T'ai-je donc appelé en disant : « Sois mon disciple, Malunkyaputta, je t'apprendrai si le monde est éternel, ou s'il n'est pas éternel, si le monde est limité, ou s'il est infini, si l'âme est identique au corps, ou si elle en est distincte, si un Bouddha survit après la mort, ou s'il ne survit pas. » Et Malunkyaputta répond : « Tu ne m'as point parlé ainsi, ô Maître. »

Parfois, le Bouddha se hasarde à fournir quelques explications, mais toujours assez vagues.

Le Maître s'exprime en ces termes, dans un dialogue entre lui et Koutadanta :

« — En quel lieu, ô vénérable Maître, est le Nirvana?

« — Le Nirvana est partout où les préceptes sont observés.

« — Si le Nirvana n'est pas un lieu, s'il est nulle part, il est sans réalité.

« — Où habite le vent?

« — Nulle part.

« — Le vent n'existe donc pas.

« — Où réside la Sagesse?

« — La Sagesse est-elle un lieu?

« — La Sagesse n'a pas de résidence assignée.

« — Prétends-tu, répond le Bouddha, qu'il n'y a ni sagesse, ni illumination, ni justice, ni salut, parce que le Nirvana n'est pas un lieu?

« — Ayant moi-même atteint l'autre rive, j'aide les autres à traverser le torrent ; ayant moi-même conquis le salut, je suis un sauveur pour les autres ; soulagé, je soulage les autres, je les conduis au lieu de refuge.

« — Une seule essence, une seule loi, un seul but.

« — Toutes les choses sont d'une seule et même essence, et il n'y a qu'une seule loi.

« — C'est pourquoi il n'y a qu'un seul Nirvana, de même qu'il n'y a qu'une seule vérité, ni deux, ni trois. »

Le Parfait aurait encore ajouté, en parlant du Nirvana :

« Il y a des Tirthakaras qui définissent le Nirvana en disant que, par la suppression des attributs intellectuels, des éléments et des sens, l'indifférence à l'égard des objets, les pensées cessent de se produire ; alors la cessation de toute pensée produite par un anéantissement de sa cause, semblable à celui d'une lampe, c'est là le Nirvana.

« D'autres le définissent ainsi : c'est la délivrance, qui est l'action de passer dans un autre lieu aussi vite que le vent.

« D'autres le définissent : c'est la délivrance résultant de la destruction de la vue de ces deux choses : l'esprit qui connaît et l'objet qui doit être connu.

« D'autres se représentent le Nirvana comme résultant de l'intelligence parfaite de la vérité et de la voie.

« D'autres se le représentent comme il suit, faisant entendre le rugissement de lion que pousse celui qui a l'omniscience, « c'est-à-dire ne reconnaissant rien que comme la conception de leur propre esprit, n'admettant ni l'existence, ni la non existence, considérant le Nirvana comme un lieu essentiellement privé de quatre côtés, ne tombant pas dans les deux termes extrêmes de la réflexion appliquée à ce qui est visible à leur esprit, rejetant l'existence d'aucun principe parce que le caractère illusoire de tout principe les conduit à n'en admettre aucun. Le grand Nirvana n'est ni la destruction ni la mort (1). »

Si le Bouddha n'a pas défini le Nirvana, il a tout au moins affirmé qu'il était le terme de la Douleur :

« Il est, ô disciples, un état où il n'y a ni terre, ni eau, ni chaleur, ni air, ni infini de l'espace, ni infini de la conscience, ni absence complète de toute chose, ni perception, ni non perception, ni ce monde-ci ni ce monde-là, à la fois soleil et lune, cela, ô disciples, je l'appelle ni venir, ni s'en aller, ni rester, ni mort, ni naissance, sans origine, sans devenir, sans fin, c'est le terme de la douleur.

« Il est, ô disciples, un non né, non produit, non créé. S'il n'y avait pas, ô disciples, ce non né, non produit, non créé, non formé, il n'y aurait pas d'issue pour le né, le produit, le créé, le formé. »

(1) Traduction de Burnouf. *Introduction à l'histoire du Bouddhisme indien.*

Il faut bien reconnaître qu'il est très difficile de dégager de ces diverses explications une conception suffisamment intelligible du Nirvana.

Dirons-nous que le Nirvana est le néant?

Une objection de simple bon sens a déjà été présentée à cette explication. Le Bouddhisme n'aurait jamais eu une telle durée, ni réuni tant d'adeptes s'il n'avait promis à ses fidèles que le néant.

Cet argument n'est pas sans présenter une certaine valeur pratique.

Au point de vue étymologique, le mot Nirvana évoque l'idée d'extinction d'un feu, d'une lumière. Dans les explications que le Bouddha nous fournit, nous trouvons l'idée de l'extinction du feu des désirs et des passions, nous y voyons également l'extinction de la souffrance.

Que devient la personnalité dans tout ceci? La question du Nirvana et du moi sont en effet dépendantes l'une de l'autre. Si le Bouddha avait expressément nié le moi, le Nirvana ne pourrait être que le néant. Or, Il a réservé la question de la personnalité, de même que celle du Nirvana, et c'est dépasser sa pensée que d'affirmer que le Nirvana équivaut au néant. Le Nirvana équivaut si peu au néant, que nous verrons qu'il peut être atteint avant la mort. Le sage, l'arhat, dans cette vie même, en a la possession, mais cet état est le résultat d'une grande sagesse et d'un nombre incalculable d'existences. L'arhat, détaché de tout désir terrestre, jouit de la plus complète félicité.

Il est écrit : « Celui qui a surmonté le chemin mauvais impraticable du samsara de l'égarement, celui qui a passé à l'autre bord a atteint la rive riche de contemplation sans désir, sans défaillance ; celui qui, affranchi de l'existence, a trouvé l'extinction, a atteint le Nirvana. »

Dans le même ordre d'idées, et peut-être même d'une manière plus précise encore, il est dit que le disciple qui a dépouillé plaisir et désir, riche de sagesse, a atteint dès ce monde la délivrance de la mort, le séjour éternel.

Le Nirvana, en quelque sorte relatif, par opposition au grand Nirvana absolu, serait ici la béatitude et la paix.

Une condition demeure toujours nécessaire pour atteindre cet état, c'est d'avoir détruit complètement en soi tout sentiment de forme ou de personnalité.

Lorsque l'esprit arrive à comprendre clairement la mobilité des choses, l'idée de personnalité s'évanouit, il s'absorbe alors dans l'élément immortel du Nirvana.

Quel est cet élément? Le Bouddha n'a pas cru devoir le dire. Le plus sage sera d'admettre que c'est là une question bien au-dessus de notre entendement, de même que l'idée de l'Eternité ou de Dieu, problèmes qui nous feraient errer sans résultat possible.

Remettons-nous en à la prudence du Maître, lequel a dit : « Donner à manger à un simple honnête homme dans le besoin vaut infiniment mieux que de se livrer à l'étude des questions relatives aux esprits du ciel et aux démons qui occupent tant de gens. »

Les orientalistes sauront-ils nous renseigner? Burnouf a écrit : « Le Nirvana, c'est la délivrance ou le salut, mais qu'est cette délivrance? Si nous consultons l'étymologie du mot, elle nous répondra que c'est l'anéantissement, l'extinction, mais comment entendre cette extinction? Le Nirvana est-il le Néant? On peut dire que c'est l'absorption de la vie intellectuelle en Dieu ; mais, pour les uns et pour les autres, c'est la délivrance, c'est l'état de celui qui est affranchi de la douleur. »

Pour Oldenberg, « l'être s'affranchit des ardeurs brûlantes de la douleur et découvre le chemin qui mène à la calme et sereine fraîcheur de la béatitude. Le Nirvana est l'entrée de l'âme dans un repos bienheureux, infiniment au-dessus des joies de ce monde périssable aussi bien que de ses douleurs ».

Barthélémy Saint-Hilaire professe une opinion tout autre. Il conclut que la religion du Bouddha aboutit au Nirvana ou Néant, « foi hideuse, conception monstrueuse qui répugne à tous les instincts de la nature humaine, qui révolte la raison et implique l'athéisme ».

Ces paroles témoignent d'un parti-pris si évident qu'il devient à peu près inutile de les réfuter.

Les écrivains thibétains voient dans le Nirvana l'état d'un être affranchi de la loi de transmigration.

Mais remarquons que l'énigme du Nirvana, si troublante pour nous, n'a jamais offert pour les Orientaux un intérêt très puissant. L'idée de la perte de la personnalité les preoccupe peu, alors, qu'au contraire, nous demeurons très attachés à l'idée du moi.

En résumé, et pour conclure, on pourrait dire du Nirvana qu'il est la paix suprême dans la connaissance absolue. Cette définition comporte, il nous semble, les deux éléments essentiels de la doctrine du Bouddha : la délivrance de la Douleur et la suppression de l'ignorance, l'illumination.

Un autre caractère, très fortifiant, et qui lave la doctrine de l'accusation de pessimisme, s'attache également à la notion du Nirvana. Le Bouddha, cette fois, n'a pas gardé le silence et ainsi il a su devenir le grand consolateur de l'humanité : Tous les hommes, a-t-il dit, atteindront le Nirvana.

« Qu'elle soit ouverte à tous, la porte de l'éternité. »

Il n'y a pour eux qu'une question de temps, qu'un degré de perfection morale à atteindre.

La théorie du vide se confond avec celle du Nirvana. L'idée qu'on se fait du premier commande celle qu'on a du second. Qu'est le vide? Le Bouddha ne nous l'a pas appris. Nous savons seulement que le monde et tous les êtres sont sortis du vide et doivent y retourner.

Il est également une question à laquelle le Bouddha s'est refusé de répondre : « Le Tathagata, continuera-t-il d'être après sa mort? Où sera-t-il? » Les disciples le pressaient en vain. Etait-il en son pouvoir de nous apprendre la vérité? Nous n'oserions l'affirmer. Mais c'était encore pour lui une question inutile, qui ne servait pas au salut et sur laquelle il ne s'arrêtait pas.

La Transmigration des Existences

Le principe de la transmigration des existences, c'est-à-dire le passage d'une âme à travers un nombre infini de vies, était une très ancienne croyance hindoue, adoptée par le Bouddha, et qui faisait partie de l'enseignement de Kapila, de Kanada et des ascètes brahmanes. Bien avant lui, on savait que l'homme, ainsi que tout ce qui l'entoure, est entraîné dans le tourbillon éternel de la transmigration, qu'il passe à travers les différents règnes ; minéral, végétal et animal avant d'entrer dans la vie humaine.

L'âme traverse alors une infinité d'existences, durant des périodes de temps immenses qu'on appelle « kalpas ». Elle fait l'expérience des conditions les plus variées, éprouve tous les désirs, toutes les douleurs, et cela durant des millénaires.

« Longue est la nuit, est-il écrit dans le Dhammapada, pour celui qui est éveillé.

« Long est le chemin pour celui qui est fatigué.

« Longue la route mauvaise des naissances pour ceux qui ne connaissent mot de la vérité. »

La transmigration n'était pas seulement admise pour les âmes, elle était encore une loi cosmique, les univers se succédaient, chacun étant la conséquence des actes de l'univers qui l'avait précédé.

Le roulement perpétuel des existences constitue le « Samsara ». Cette vieille croyance était répandue un peu partout dans toute l'antiquité ; nous la retrouvons chez les Egyptiens, chez les Grecs, dans la philosophie de Pythagore et de Platon, chez les Hébreux et chez les Germains, et jusque chez les Druides. On a même prétendu, en se basant sur un texte des Ecritures, que le Christ croyait à la transmigration des âmes. Il lui fut un jour présenté un aveugle-né et Jésus demanda si son infirmité ne provenait pas de quelque faute antérieure. Cette idée n'est cependant pas demeurée dans la doctrine chrétienne.

Elle n'a pas complètement disparu de nos jours. Elle est restée un dogme chez la majorité des peuples de l'Orient ; mais on la rencontre également en Occident, au hasard des ouvrages, et parfois, non sans surprise, chez certains écrivains où l'on ne l'attendait guère. Elle n'y figure certes pas comme une loi. Ainsi l'aperçoit-on, de façon toute accidentelle, mais suffisamment reconnaissable, chez certains poètes, tels que V. Hugo (1), Lamartine, Leconte de Lisle ; chez des prosateurs comme Renan, Maeterlinck, Loti, Rolland. Maurice Barrès l'a exprimée d'une façon assez précise, comme on peut en juger par ces lignes, d'un *Homme libre* :

« Mon être m'enchante quand je l'entrevois, échelonné sur les siècles, se développant à travers une longue suite de corps.

« Oui, une partie de mon âme, toute celle qui n'est pas attachée au monde extérieur, a vécu de longs siècles avant de s'établir en moi. Autrement, serait-il possible qu'elle fut ornée comme je la vois? Elle a si peu progressé depuis vingt-cinq ans que je peine à l'embellir, j'en conclus que, pour l'amener au degré où je la trouvai dès ma naissance, il a fallu une infinité de vies.

« L'âme qui habite aujourd'hui en moi est faite de parcelles qui survécurent à des milliers

(1) *Le Revenant.*

de morts, et cette somme, grossie du meilleur de moi-même, me survivra en perdant mon souvenir.

« Je ne suis qu'un instant d'un long développement de mon être. »

Nous citons ce passage avec plaisir, car il nous semble empreint du plus pur esprit bouddhiste.

Que sont ces âmes qui transmigrent, d'où proviennent-elles?

Ici, comme sur tant d'autres sujets de métaphysique, le Bouddha s'est peu étendu. Son opinion sur l'âme et sur l'origine de l'âme saurait difficilement être dégagée.

Il semble toutefois qu'il n'accorde pas à l'âme plus qu'au corps une existence propre et personnelle. Elle paraît être pour lui une suite de phénomènes passagers, un ensemble de sankaras qui se transforment continuellement. Il n'y a ni moi ni toi. Le Bouddha admet des phénomènes de vue, d'ouïe, d'odorat, mais non une entité qui voit, qui entend, qui sent.

Nous savons que la personnalité se compose de cinq éléments bien distincts :

1° La forme ;
2° La sensation ;
3° La conscience ;
4° L'imagination ;
5° La distinction.

Tels sont les cinq skandhas ou éléments; aucun

d'eux par lui-même ne forme le « moi » et leur ensemble ne le constitue pas davantage.

« Il y a, dit le Bouddha, dans le monde des hommes, quatre grands flots : le flot du désir, le flot de la naissance, le flot de l'erreur, le flot de l'ignorance. »

Tout est entraîné dans un mouvement incessant. Ce mouvement, les bouddhistes le comparent aussi à une flamme qui nous rappelle l'état liquide dont parle Héraclite, emportant tout dans un tourbillon continuel.

Cette idée de la flamme a servi de thème à un des sermons les plus célèbres dont nous avons parlé au chapitre sur « la morale » : « Tout est en flamme, ô disciples. »

Enfin, lorsque le disciple a expérimenté les sensations, il se lasse d'elles, il abandonne la passion, il devient libre, il réalise que la renaissance est épuisée, la sainteté accomplie, le devoir rempli et qu'il n'y a plus de nouveau retour dans le monde (Mahavagga.)

Toutes ces notions demeurent cependant assez imprécises ; une fois de plus, nous voyons l'enchevêtrement entre les idées morales et les idées métaphysiques, et la difficulté qu'il y a à dégager les unes et les autres.

Le Bouddha s'est montré plus explicite sur la cause de la transmigration. Cette cause est l'ignorance. Là-dessus, aucune équivoque n'est possible.

« Du chemin passé et présent, la racine est l'ignorance. De l'ignorance proviennent les formations qui sont la cause de la vieillesse, de la mort et de toute douleur. Le désir, la volonté de vivre rattachent l'être humain non éclairé à une nouvelle existence ; ce désir a son origine dans le contact et les sensations. »

Quant à la question de savoir où vont ces âmes, nous avons déjà vu qu'elles aspirent toutes, dès qu'elles sont affranchies des passions et des désirs, à la béatitude calme et sereine du Nirvana.

Le Karma

Le terme « karma », en sanscrit, signifie action ; la doctrine du karma et la transmigration des existences découlent l'une de l'autre. Après la mort, l'homme se sépare de son corps physique comme d'un vêtement usé, il en revêt un autre, prend une nouvelle forme, recommence une autre existence dont les conditions dépendent de la précédente.

Nous retrouvons encore ici une vieille croyance hindoue qui a été nettement formulée par Manou.

Il est dit, en effet, « que tout acte de la pensée, de la parole ou du corps, selon qu'il est bon ou mauvais, porte un bon ou un mauvais fruit. Des actions des hommes résultent leurs différentes conditions ».

C'est le principe de causalité appliqué au monde moral, alors qu'on le réserve généralement au monde physique, principe extrêmement rigide. Nulle puissance ne peut empêcher la conséquence d'un acte une fois qu'il est accompli. Ici, point de Sauveur qui intervienne pour prendre la charge des autres, chacun porte son propre fardeau, chacun doit expier dans une vie ou dans une autre. Nulle part, dans aucune doctrine philosophique, la responsabilité individuelle ne joue avec plus d'étendue que dans l'enseignement du Bouddha.

C'est, à propos de la loi de causalité et avant de commencer sa prédication, que le Maître, assis sous l'arbre de la science, hésita, se demandant s'il devait révéler aux hommes tout ce qu'il avait appris. Seraient-ils capables de le comprendre ?

« Ce sera, pensa-t-il, une chose difficile à saisir que la loi de causalité, l'enchaînement des causes et des effets. »

Et, en effet, ce principe, dès qu'il est appliqué au monde moral, présente de sérieuses difficultés, alors qu'il semble plus simple en ce qui concerne les phénomènes physiques.

De tout temps. à l'époque où vivait le Bouddha, comme de nos jours, les hommes se sont demandé anxieusement la cause des inégalités que présente la vie.

La santé, la force, l'intelligence, la beauté, la bonté, la richesse accordées aux uns, refusées aux autres, sans que nous puissions le moins du monde concevoir pourquoi, quelle source de trouble et d'irritation pour l'esprit humain.

Pour les chrétiens, la volonté divine a assigné à chacun son rôle et sa place dans le monde.

Des savants modernes ont cru trouver à l'énigme un commencement de solution en parlant de l'hérédité. Mais les phénomènes de l'hérédité sont infiniment complexes et vagues. Le peu que nous en pouvons saisir abonde en contradictions. Etablir les théories sur l'atavisme, que ce soit dans l'ordre physique, que ce soit dans l'ordre moral, c'est vraiment bâtir sur le sable.

Pour les Hindous, comme pour le Bouddha, la cause de notre condition actuelle, de nos infirmités, de nos qualités, de notre bonheur, comme de notre malheur doit être cherchée dans nos existences antérieures.

La règle est que nos mauvaises actions sont inéluctablement punies et que nos bonnes actions auront leur récompense.

Cette explication, toute hypothétique qu'elle puisse être, est de nature à satisfaire bien des esprits. Elle justifie toutes les inégalités. Elle apaise en nous cette soif de justice qui est plus ou moins au cœur de tout être humain. Elle apporte le courage et la résignation à tous ceux qui se lamentent sur leur sort. Toutes nos souffrances sont méritées, nous en sommes nous-mêmes les auteurs. Nous n'avons qu'à nous soumettre et éviter de retomber dans de nouvelles erreurs.

Cette idée de la rétribution morale, les brahmanes, dans leur enseignement, s'en étaient servis comme moyen d'intimidation. Au pouvoir du Bouddha, elle devint un encouragement incessant au bien. Si les hommes ne pouvaient pas connaître leurs vies antérieures, tout au moins étaient-ils assurés qu'en faisant le bien dans leur vie présente, ils en seraient infailliblement récompensés un moment ou l'autre.

Dans le système bouddhiste, la causalité est partout, les univers y sont soumis, ils se renouvellent à leur tour, chacun étant la conséquence de l'univers précédent, l'atome, tous les règnes de la nature en dépendent, depuis la forme la plus infime jusqu'à la représentation de vie la plus accomplie.

Mais comment allier l'idée de la non personnalité et le principe du karma? Si le moi n'est pas, ou disparaît, comment l'individu pourra-t-il être puni ou récompensé selon ses actes mauvais ou bons?

Répétons que le Maître ne s'est pas définitivement expliqué sur le moi.

Cependant, il semble bien qu'il reconnaissait un moi permanent lorsqu'il exposait à ses disciples toutes ses existences passées, et de quelle manière, dans le cours de ses vies successives, il avait lui-même subi la rétribution des actes qu'il avait commis. Il s'est tant de fois servi de ces récits, à titre d'exemples, qu'il faut bien voir là une reconnaissance du moi.

« Telle est la semence, a-t-il dit, tel sera le fruit. » Or, si tout disparaît avec la mort, si l'être qui se réincarne n'a plus rien de commun avec celui qui est mort, celui qui sème et celui qui récolte ne sera plus le même, la rétribution des actes perdra ainsi toute son efficacité morale.

Ailleurs, Il parle de l'esprit en tant que principe éternel qui descend dans la matière périssable et qui constitue l'élément impérissable du moi.

Plus tard, lorsque les sectes bouddhistes admirent l'idée d'un ego permanent, la difficulté disparut et la théorie du karma fut possible.

Toutefois, il convient de dire que le Bouddha insiste surtout sur l'enchaînement indéfini des effets et des causes. C'est la conséquence des actes qu'il est impossible d'éviter.

« Ceci, est-il dit dans les Ecritures, n'est pas votre corps ni le corps des autres, il faut plutôt le considérer comme l'œuvre du passé ayant pris forme, réalisé par la volonté devenue palpable (1). »

La seule atténuation au principe du karma se trouve dans le repentir. Le Bouddha n'avait pas

(1) Traduction d'Oldenberg.

craint d'admettre parmi ses disciples les êtres les plus pervertis, à condition que leur repentir fut sincère, mais, pour être complet, le repentir devait être suivi de l'aveu de la faute, c'est-à-dire de la confession. L'expiation immédiate de la faute suffisait même pour en neutraliser complètement les effets chez son auteur. Le repentir était un acte susceptible de contrebalancer l'effet d'un autre acte.

Il est dit : « Si l'homme qui a péché comprend sa faute, s'amende et fait le bien, la force du châtiment s'épuisera graduellement comme une maladie perd graduellement son influence pernicieuse à mesure que le malade transpire (1). »

La confession a été une des innovations du Bouddha. Les brahmanes n'avaient jamais préconisé une telle institution. La confession exige une simplicité et une humilité peu en rapport avec l'orgueil brahmanique.

Nous avons vu que la confession devint une règle formelle pour les moines. Au jour de la nouvelle lune, chaque religieux comparaissait devant l'assemblée des religieux et faisait l'aveu de ses fautes.

La confession publique existait également pour les laïques. L'aveu et le repentir constituaient l'expiation pour cette vie, comme pour la suivante.

(1) Citation extraite de l'*Histoire des Idées théosophiques dans l'Inde* (P. Oltramare).

L'expiation s'appliquait aux actions et aux pensées.

***

Il peut être intéressant de savoir ce qu'est devenu le Bouddhisme dans les pays où il est encore en faveur, et si son effet moral a laissé quelque empreinte sur les mœurs des habitants.

Un fait demeure, c'est que très peu de pays observent encore le Bouddhisme, tout au moins sous sa forme primitive ; partout, il a dégénéré. C'est peut-être en Indochine, et surtout en Birmanie et au Siam, qu'on le rencontre sous sa forme la plus archaïque. Il y fut introduit, rappelons-le, sous le règne d'Açoka et, là comme partout ailleurs, les missionnaires bouddhistes acceptèrent les divinités locales et, en particulier, les « nats », génies bienfaisants ou néfastes qui président à tous les actes de la vie.

Le Bouddhisme a eu une heureuse influence sur les Birmans et, en particulier, en ce qui concerne les relations de famille. Les femmes y sont respectées, la pitié filiale et la tendresse des parents à l'égard de leurs enfants est très caractéristique. Les mœurs sont généralement douces et la gaieté règne parmi le peuple. On rencontre néanmoins chez eux les traits distinctifs qui appartiennent aux Orientaux : le mépris de l'hygiène, la sensualité, la mauvaise foi. Mais lorsqu'on compare avec les régions bouddhistes celles qui pratiquent une autre religion, la comparaison reste entièrement favorable aux pays bouddhistes.

Au Cambodge, de même qu'en Birmanie, l'ancien culte du Bouddha est encore très florissant. La plupart des enfants sont instruits par les moines. Les mœurs et les coutumes chez le peuple y sont assez douces ; de même qu'au Tonkin et dans l'Annam, où l'on rencontre à la fois des disciples du Bouddha et de Confucius.

Il n'y a guère d'autres écoles que les monastères, où l'on étudie surtout les livres religieux ; la vie du Bouddha et la loi sont à la base de l'enseignement.

La vie monacale est très honorée dans ces différents pays. Bien des hommes passent quelques années de leur vie dans les couvents, où ils se proposent le perfectionnement spirituel et moral, et l'imitation du Maître ; naturellement, ils ne font que gagner à cet apprentissage d'une vie pure.

Le Bouddhisme est demeuré à Ceylan alors qu'il a émigré de l'Inde. L'île avait été convertie au Bouddhisme par Mahunda, fils du roi Açoka. Les religieux qui s'y fixèrent furent favorablement accueillis par la population ; des temples et des monastères furent construits. Le roi Açoka y envoya une des précieuses reliques : la clavicule du Bouddha et une branche de l'arbre Boddhi. Une dent du Bouddha figure également parmi les reliques qu'on montre, à certains jours, aux fidèles.

Une croyance généralement admise veut que le Bouddha ait séjourné à Ceylan ; il y serait venu une première fois neuf mois après avoir acquis la Boddhi ; il convertit alors des mauvais génies, les Yakshas, qui gouvernaient toute l'île. La légende prétend que le Bouddha serait revenu une seconde fois dans l'île. A Sinhala, on montre deux empreintes de ses pieds. La pratique de la morale bouddhiste a contribué à l'adoucissement des mœurs et des institutions locales. La plupart des rois qui se convertirent se signalèrent par leur mansuétude. C'est ainsi que nous voyons le roi Tissa abolir la torture et protéger les ordres religieux. Bouddhadassa établit des hôpitaux et des médecins dans un grand nombre de villes. On honore, à Ceylan, les dieux populaires à côté du Bouddha.

C'est peut-être en Chine où le Bouddhisme s'est le plus écarté des anciennes traditions de l'idée de compassion et de sacrifice. Les principes du Maître y sont généralement peu observés, toutes sortes de religions s'y heurtent : le culte de Confucius, de Mohammed, le Tâoïsme et un Bouddhisme grossier ; dans certains endroits, ces divers cultes sont fondus en un seul qui rappelle d'assez loin le Bouddhisme.

Lorsque les premiers religieux émigrèrent en

Chine, ils y furent bien accueillis, ils s'y établirent et fondèrent des monastères. La première statue d'or du Bouddha fut apportée en Chine en l'an 122 avant J.-C. L'empereur Meng-To, qui s'était converti à la Loi, envoya des missionnaires dans l'Inde pour ramener les livres saints.

Le Petit Véhicule fut introduit en Chine vers l'an 61 de notre ère. Cet enseignement moral eut pour résultat de diminuer la cruauté, les violences, les massacres, l'ivrognerie et le libertinage.

La domination mongole, pas plus que la domination mandchoue, n'arrêta le développement du Bouddhisme, elles lui furent plutôt favorables.

La grande majorité du peuple est demeurée bouddhiste, sans comprendre d'ailleurs la doctrine du Parfait. Il en résulte des pratiques machinales où la foi est totalement absente. L'idée du Nirvana, trop abstraite, a fait place à une conception du paradis à peu près chrétienne. Le principe de causalité lui-même a disparu, les péchés se rachètent par le repentir et même par la puissance de la vertu d'autrui. Cependant, la transmigration des existences est demeurée comme croyance populaire.

Toutefois, les sentiments de bonté et de charité qu'on peut observer dans les mœurs ou les institutions chinoises ont certainement leur source dans le culte du Bouddha. Les œuvres charitables d'assistance aux enfants, aux malades, aux vieillards sont inspirées par la foi bouddhiste.

Au Thibet, le Bouddhisme a également dégénéré, des règles grossières et mécaniques se sont substituées à la philosophie pure du Parfait. Elle s'y était établie en 632. Le roi, sous l'influence, dit-on, de ses deux épouses, l'une chinoise, l'autre népalaise, mais également bouddhiste, fit venir de l'Inde des livres anciens et inaugura une véritable révolution religieuse.

Le Thibet est peu fréquenté par les voyageurs, mais tous sont unanimes à reconnaître que la superstition entache fortement les pratiques des lamaseries. Dans les *Souvenirs d'un voyage dans la Tartarie et le Thibet,* M. Huc, ancien missionnaire, nous décrit quelques cérémonies d'un caractère très barbare. Lors de certaines solennités, un lama s'ouvre le ventre, prend ses entrailles, le place devant lui, puis rentre dans son état normal.

M. Huc a pu observer aussi des pratiques moins barbares, mais tout aussi déraisonnables : les religieux font le tour des lamaseries, qui sont parfois très étendues, en se prosternant à chaque pas. Défense de s'arrêter en cours de route pour s'alimenter ; aussi les moines commencent-ils cet exercice dès le jour pour terminer à la nuit seulement.

Que penser des moulins à prières, qui tournent avec une très grande rapidité, des tonneaux à prières, de tant d'autres inventions d'une stupidité analogue si on songe à la pureté et à la simplicité du culte primitif.

Il semble cependant que notre époque assiste à une renaissance des idées bouddhistes. Elle s'accuse d'abord dans l'Inde d'où le culte du Bouddha avait complètement disparu, sauf au Népal, depuis environ l'an mille.

Sous l'influence du réveil de l'esprit national mouvement qui gagne chaque jour de plus en plus, d'expansion, le Bouddha ressuscite, semble renaître et reprendre sa place.

Quant au Japon, le fait qu'il a pris rang parmi les grandes nations, ne l'empêche point, bien au contraire, de revendiquer la vieille philosophie orientale. Il y a là un phénomène digne d'attirer la réflexion.

En Amérique, en Angleterre, les doctrines du Bienheureux ont rencontré de nombreux adhérents et ne sont pas sans pénétrer un peu en France. En tous cas, elles excitent de plus en plus vivement la curiosité. Il doit en être de même dans d'autres pays d'Europe.

Y a-t-il intérêt pour les Occidentaux à chercher refuge dans la personnalité du Bouddha et dans sa doctrine?

Certes, sous la forme dégénérée où on le rencontre parfois, le Bouddhisme a peu de chance à trouver droit de cité dans la vieille Europe. De là à rejeter indistinctement toute la philosophie bouddhiste, il y a loin. Mieux connues, bien des vérités bouddhiques satisferaient non la foule, mais la plupart de ceux qui sont capables d'en sortir. La foule elle-même trouvera au bouddhisme un aspect trop abstrait pour qu'il la séduise. Il faudrait qu'il puisse lui offrir la magnificence et la pompe des cérémonies religieuses occidentales. Le culte se réduit ici à un simple hommage à la mémoire du Bouddha. L'adoration des reliques et des statues, qui n'implique aucun faste, marque toutefois une dégénérescence de la doctrine primitive. Que fallait-il suivre après la mort du Bienheureux? Sa doctrine et les préceptes d'une vie pure. Rien de plus.

Voilà qui demeurera toujours insuffisant pour la plupart des hommes. De plus, la mise en pratique des préceptes exige une persévérance et un amour du bien qui décourageront un certain nombre.

D'autre part, il n'est pas sans danger de transporter en Occident ce qui a été destiné à l'Orient. Il y a ici de telles différences de race et de tempérament, que l'importation ne réussira pas infailliblement. A toutes les fleurs que nourrit le sol oriental, le nôtre ne se prête pas.

Et cependant, nous sommes persuadés que toute la partie morale du Bouddhisme, c'est-à-dire la plus importante, celle que nous avons surtout cherché à dégager dans cette étude, peut parfaitement convenir à l'esprit occidental. Le Bouddhisme est un vaste plan dans lequel toutes les croyances ont place pour évoluer. Il ne contient en réalité qu'un petit nombre de principes susceptibles d'être adoptés par les hommes de religion et de races assez diverses ; il ne s'embarrasse pas de détails, chacun peut les ajouter à son gré.

Et comment ne pas s'apercevoir que la morale chrétienne et la morale bouddhiste offrent de grandes ressemblances.

La plupart des principes que l'on rencontre dans les Evangiles se trouvent également dans les Ecritures bouddhistes, au point qu'on a pu soutenir que la doctrine du Christ avait été inspirée de la philosophie du Bouddha.

Le Bouddhisme tend à détacher l'homme de la vie matérielle et mondaine pour l'amener à un degré de perfection dont le terme final est le Nirvana, état de béatitude que la raison est incapable de concevoir d'une façon vraiment précise.

L'Evangile apprend également à l'homme à combattre et à maîtriser ses passions pour atteindre Dieu, dont il ne peut guère se faire une idée dans ce monde.

Les moyens pour obtenir le salut diffèrent-ils? La méditation et la prière ne sont pas opposées, et chacune peut parfaitement aller avec l'autre.

Mais, peut-être, le Bouddhisme l'emporte-t-il sur le Christianisme par une simplicité plus séduisante.

Quelle doctrine est mieux faite pour détourner l'inondation de brutal égoïsme qui se prépare semble-t-il, à nous submerger.

Le détachement, tout au moins relatif, de la plupart des biens dont la poursuite procure tant de complications à notre existence, ne serait-il pas désirable? La modération de nos désirs contribuerait à notre bonheur de façon immédiate et mécanique. Ces désirs, alors même que nous parvenons à les réaliser, nous sont le plus souvent des causes d'amertume. Que devenons-nous, quand leur satisfaction nous échappe, en dépit de tant d'efforts. Considérer tout ce qui nous environne comme une illusion de nos sens, nous conduira par le chemin de l'indifférence à l'égard de toutes les choses matérielles qui ne nous sont pas indispensables, au sein de la tranquillité.

Pratiquer, même d'une façon relative, la méditation c'est s'éloigner de la tempête qui soulève de plus en plus fort l'océan de la vie moderne.

Que d'erreurs, que de maladresses nuisibles, un retour sur nous-même, si passager qu'il puisse être, nous éviterait ! Même s'il ne se produisait qu'après que nous ayons agi, et que nous nous sommes nui, il nous apporterait encore un apaisement.

La vie méditative a sa beauté et sa grandeur, ne la jugeons pas avec le parti-pris des Occidentaux, qui considèrent comme perdues toutes les heures non consacrées au plaisir ou à un travail à rendement matériel.

La loi de causalité bien comprise devient une source de sérénité et de paix.

Si nous arrivons à concevoir que nous sommes seuls les artisans de notre destinée, nous n'aurons qu'à nous en prendre à nous-mêmes lorsque la fortune nous sera contraire. Nous ressentirons ainsi moins d'amertume, car l'homme en général s'irrite moins contre lui-même que contre les autres.

D'autre part, si nous sommes bien convaincus que chacun de nos actes porte sa conséquence fatale, avec quel soin ne surveillerons-nous pas notre conduite journalière?

Mais c'est beaucoup sur l'amour que compte la morale bouddhique pour assurer le bonheur humain. Et l'amour est capable de résoudre les problèmes sociaux que nous jugeons les plus insolubles.

Puissions-nous avoir aidé à comprendre quel sens ce terme d'amour revêt dans la doctrine du Maître ! Et terminons par son admirable affirmation (1) :

(1) *Histoire des Idées théosophiques dans l'Inde* (P. Oltremare).

« Tous les moyens que la vie offre pour acquérir un mérite religieux n'atteignent pas la seizième partie de la valeur de l'amour, cette libération du cœur. L'amour, cette libération du cœur, les absorbe en lui, il brille, il resplendit, il rayonne. Et comme l'éclat des étoiles n'atteint pas la seizième partie de l'éclat de la lune, de même tous les moyens que la vie offre pour acquérir un mérite religieux n'atteignent pas la seizième partie de l'amour, cette libération du cœur. »

TABLE DES MATIÈRES

ROCHEFORT. — IMPRIMERIE A. THOYON-THÈZE

René DUSSAUD

Membre de l'Institut

Introduction à l'Histoire des Religions, 1 vol. in-16 . 7 fr. »»

Le Cantique des Cantiques, 1 vol. in-16 . . . . . . 3 fr. 50

Les Origines Cananéennes du Sacrifice israélite, 1 vol. in-8° . . . . 30 fr. »»

M. SŒDERBLOM

Traduction W. Corswant

Manuel d'Histoire des Religions, 1 vol. in-16 (*sous presse*).

Maurice GOGUEL

Introduction à l'Etude du Nouveau Testament, 4 vol. in-16 . . . . 93 fr. 50

Hippolyte DREYFUS

Essai sur le Béhaïsme, 1 vol. in-16 . . . . 6 fr. 50

L'Œuvre de Baha Ou'llah, 2 vol. in-16 . . . . 13 fr. »»

Edouard CHAVANNES

Cinq cents Contes et Apologues extraits du Tripitaka chinois et traduits, 3 vol. in-8° . . . . 117 fr. »»

H. KERN

Histoire du Bouddhisme dans l'Inde, 2 vol. in-8° . . 80 fr. »»

L. de MILLOUÉ

Le Bouddhisme dans le Monde. 1 vol. in-16 . . . . 9 fr. »»

Dom JEANNIN

Mélodies liturgiques Syriennes et Chaldéennes, tome I, 1 vol. in-4° . . . . 60 fr. »»

Rochefort-sur-mer. — Imprimerie A. Thoyon-Thèze

www.ingramcontent.com/pod-product-compliance
Ingram Content Group UK Ltd.
Pitfield, Milton Keynes, MK11 3LW, UK
UKHW022018170726
13837UKWH00001B/253

9 782329 203270